站在巨人肩上

从达尔文谈生物进化

刘枫　主编

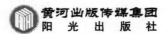
黄河出版传媒集团
阳光出版社

图书在版编目（CIP）数据

从达尔文谈生物进化 / 刘枫主编 .—— 银川：阳光
出版社，2016.7（2022.05重印）
（站在巨人肩上）
ISBN 978-7-5525-2774-2

Ⅰ.①从… Ⅱ.①刘… Ⅲ.①达尔文，C.（1809-
1882）– 生平事迹 – 青少年读物②生物 – 进化 – 青少年
读物 Ⅳ.① K835.616.15-49 ② Q11-49

中国版本图书馆 CIP 数据核字 (2016) 第 179093 号

站在巨人肩上　从达尔文谈生物进化　　　　　刘枫　主编

责任编辑　贾　莉
封面设计　瑞知堂文化
责任印制　岳建宁

黄河出版传媒集团
阳 光 出 版 社　出版发行

地　　址　宁夏银川市北京东路139号出版大厦（750001）
网　　址　http://www.ygchbs.com
网上书店　http://shop129132959.taobao.com
电子信箱　yangguangchubanshe@163.com
邮购电话　0951-5047283
经　　销　全国新华书店
印刷装订　天津兴湘印务有限公司
印刷委托书号　（宁）0020158

开　　本　710 mm×1000 mm　1/16
印　　张　9.25
字　　数　148千字
版　　次　2016年7月第1版
印　　次　2022年5月第2次印刷
书　　号　ISBN 978-7-5525-2774-2
定　　价　35.80元

前　言

　　哲人培根说过:"读史使人睿智。"是的,历史蕴含着经验与真知。

　　科学的发展是一个漫长的过程,一代又一代的科学家曾为之不懈努力,这里面不仅有着艰辛的探索、曲折的经历和动人的故事,还有成功与失败、欢乐与悲伤,甚至还饱含着血和泪。其中蕴含的人文精神,堪称人类科技文明发展过程中最宝贵的财富。

　　本系列丛书共 30 本,每本以学科发展状况为主脉,穿插为此学科发展做出重大贡献的一些杰出科学家的动人事迹,旨在从文化角度阐述科学,突出其中的科学内核和人文理念,提升读者的科学素养。

　　为了使本系列丛书有一定的收藏性和视觉效果,书中还汇集了大量的珍贵图片,使昔日世界的重要场景尽呈读者眼前,向广大读者敬献一套图文并茂的科普读本。

　　由于编者水平有限,加之时间仓促,疏误之处在所难免,敬请广大读者批评指正。

编者

目　录

达尔文的自我介绍

物竞天择，适者生存。

——达尔文

名句箴言

自我介绍

我是达尔文，1809 年 2 月 12 日出生在英国的施鲁斯伯里。祖父和父亲都是当地的名医，家里希望我将来继承祖业，16 岁时我便被父亲送到爱丁堡大学学医。

但我从小就热爱大自然，尤其喜欢打猎、采集矿物和动植物标本。进到医学院后，我仍然经常到野外采集动植物

达尔文

标本。父亲认为我"游手好闲""不务正业"，一怒之下，于 1828 年又送我到剑桥大学，改学神学，希望我将来成为一个"尊贵的牧师"。我对神学院的神创论等谬说十分厌烦，仍然把大部分时间用在听自然科学讲座，自学大量的自然科学书籍。热心于收集甲虫等动植物标本，对神秘的大自然充满了浓厚的兴趣。

　　1828 年的一天，在伦敦郊外的一片树林里，我围着一棵老树转悠。突然，我发现在将要脱落的树皮下，有虫子在里边蠕动，便急忙剥开树皮，发现两只奇特的甲虫，正急速地向前爬去。于是马上左右开弓抓在手里，兴奋地观看起来。正在这时，树皮里又跳出一只甲虫，我措手不及，迅即把手里的甲虫藏到嘴里，伸手又把第三只甲虫抓到。看着这些奇怪的甲虫，我真有点爱不释手，只顾得意地欣赏手中的甲虫，早把嘴里的那只给忘记了。嘴里的那只甲虫憋得受不了啦，便放出一股辛辣的毒汁，把我的舌头蜇得又麻又痛。我这才想起口中的甲虫，张口把它吐到手里。然后，不顾口中的疼痛,得意洋洋地向市内的剑桥大学走去(后来,人们为了纪念达尔文首先发现的这种甲虫,就把它命为"达尔文"——编者注)。

剑桥大学

1831 年,我从剑桥大学毕业。毕业后我放弃了待遇丰厚的牧师职业,依然热衷于自己的自然科学研究。这年 12 月,英国政府组织了"贝格尔"号军舰的环球考察,我经人推荐,以"博物学家"的身份,自费搭船,开始了漫长而又艰苦的环球考察活动。

我每到一地总要进

两只奇特的甲虫

行认真的考察研究，采访当地的居民，有时请他们当向导，跋山涉水，采集矿物和动植物标本，挖掘生物化石，发现了许多没有记载的新物种。我白天收集谷类岩石标本、动物化石，晚上又忙着记录收集经过。1832年1月，"贝格尔"号停泊在大西洋中佛得角群岛的圣地亚哥岛。水兵们都去考察海水的流向。我和助手背起背包，拿着地质锤，爬到山上去收集岩石标本。

"贝格尔"号的环球考察

在考察过程中，我根据物种的变化，整日思考着一个问题：自然界的奇花异树，人类万物究竟是怎么产生的？他们为什么会千变万化？彼此之间有什么联系？这些问题在脑海里越来越深刻，逐渐使他对神创论和物种不变论产生了怀疑。

1832年2月底，"贝格尔"号到达巴西，经过上岸考察，我向船长提出要攀登南美洲的安第斯山。当我们爬到海拔4000多米的高山上时，我意外地在山顶上发现了贝壳化石。我非常吃惊，心中想到："海底的贝壳怎么会跑到高山上了呢？"经过反复思索，我终于明白了地壳升降的道理。我脑海中一阵翻腾，对自己的猜想有了更进一步的认识："物种不是一成不变的，而是随着客观条件的不同而相应变异！"

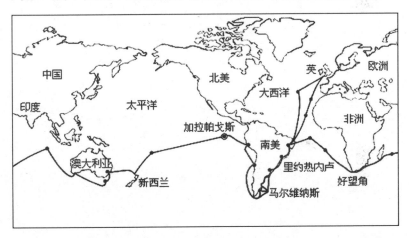

达尔文乘"贝格尔"号的航程图

后来，我又随船横渡太平洋，经过澳大利亚，越过印度洋，绕过好望角，于1836年10月回到英国。在历时五年的环球考察中，我还积累了大量的资料。回国之后，我一面整理这些资料，一面又深入实践，同时，查阅大量书籍，为我的生物进化理论寻找根据。1842年，我第一次写出《物种起

7

源》的简要提纲。1859 年 11 月,我经过 20 多年研究而写成的科学巨著《物种起源》终于出版了。在这部书里,我旗帜鲜明地提出了"进化论"的思想,说明物种是在不断的变化之中,是由低级到高级、由简单到复杂的演变过程。

这部著作的问世,第一次把生物学建立在完全科学的基础上,以全新的生物进化思想,推翻了"神创论"和物种不变的理论。《物种起源》是进化论的代表作,标志着进化论的正式确立。

Follow Me!

跟我来!

地球是人类的家园,但是,人类在童年的时候,对自己家园里的一切包括自己是怎么来的,并没有正确的认识,只是随着一位伟大科学家的诞生,人类才逐渐地揭开了这个谜。指引着人类正确地认识生命的起源和进化的,是一位英国科学家,他就是查尔斯·达尔文。

少年达尔文

达尔文儿时的故居——芒特宅,位于英格兰施鲁斯伯里

1809 年 2 月 12 日，达尔文出生在英国一个叫作施鲁斯伯里的小镇。他的祖父是一位博学多才的人，不仅医术出众，也是博物学家、诗人和哲学家。他的父亲是当地著名的医生，母亲则喜欢栽培花卉和果树，她常常教给孩子们识别花草果树的知识。这使年幼的达尔文从小就和草木花卉结下了不解之缘。

查尔斯·达尔文的祖父

8 岁时，达尔文非常高兴能进入镇上的小学，渴望学到更多有趣的知识。但是，课堂上讲的全是一些枯燥乏味的经文，根本没有自然科学方面的知识，这使他非常失望。他非常讨厌枯燥的课程，把他的全部精力和感情都倾注到课外的活动中，常常去野外捕捉昆虫、寻找矿石、采集动植物的标本。这使他的学习成绩受到了影响，他的课外活动也因此而被老师和父亲认为是"不务正业"。而达尔文却矢志不渝,并没有因为受到责备而放松对自然科学知识的学习和对大自然的热爱。他仍然请叔叔讲解晴雨表的原理;向外校的老师学习几何学的知识;自己还如饥似渴地阅读优秀的文学作品……为了能在将来的实践活动中得到更大的收获,他还努力练习骑马、射击、狩猎,培养长途跋涉的坚强毅力。10岁那年,他就自己尝试过了三个星期的独立生活;14岁的时候,他又一个人骑马到边境考察旅行。这些活动,极大地增强了他对自然现象考察的能力。

16岁时,父亲把达尔文和哥哥一起送到爱丁堡大学学医。但达尔文非常热爱大自然。每当课余和假日,他就去海滨、田野和山林。他和同学们一道同渔民出海,撒网捕鱼,制作标本,带回来分析研究。17岁的暑假,他和两个同学一起徒步旅行,捕获和采制了许多不常见的鸟类和植物标本。

父亲见他仍旧钟爱于大自然,非常生气,又把他送进了神学院。但是,达尔文对神学院的课程内容从小就听厌了,根本没有兴趣。课余时间还是去找他所尊敬的自然科学家讨论问题。在科学家们的关怀和指导下,达尔文的知识很快就丰富起来。他对昆虫学的爱好也更加强烈,并进一步扩大了自己考察活动的范围。

达尔文 1831 年大学毕业，获得了牧师的职位，但是，他对自然科学的热爱日益强烈。五年的大学生活，使他更加热爱自然科学，他在掌握了比较坚实的科学基础知识的同时，也具备了一定的独立从事科学研究和分析问题的能力，这一切，为他后来创立进化论打下了坚实的基础。

驱逐上帝的达尔文

达尔文毕业时正值英国完成工业革命，英国政府为了掠夺更多殖民地，寻找更多的资源和扩大市场，决定派"贝格尔"号军舰到世界各地做环球考察。达尔文在他的老师的推荐下，成为随舰的博物学者。达尔文十分珍惜这样一次实践机会，他坚持不懈地工作，在持续近五年的时间里，把每天所观察到的各种现象都准确、详细地写进考察笔记。每到一地，达尔文都很重视向当地劳动群众学习、求教，细心询问动植物的种类，努力探索大自然的奥秘。

1833 年 8 月，达尔文组织在考察地挖掘，发现有巨大的剑齿兽化石，达尔文深深地思索着物种的起源问题。考察之中的许多事例，也常常使他深思：是什么力量把大自然装饰得如此美妙？难道真像神学宣传的那样,形形色色的生物都是上帝按照伟大计划创造出来的吗？五年的考察工作中,达尔文耳闻目睹了生物界大量遗传变异的事实,越来越感到动物和自然界之间有着某种密切的联系。面对真理,他终于抛弃了《圣经》上关于物种不变的说教,大胆地提出了物种可变的设想。

当时讽刺达尔文的漫画

达尔文以人工选择理论为基础,提出以自然选择为基础的进化学说以及性选择和人类起源理论。他创立的进化论从丰富的事实出发,论证了生物进化的科学性,同时对生物进化的机制提出了合理的解释。他第一次把生物学放在科学的基础上,实现了一次伟大的革命。进化论的建立,科学地证明了生命现象的统一性在于所有的生物都有共同的祖先,物种的多样性是进化适应的结果。进化论在自然科学领域里第一次以科学的论证排除了神的形象,给传统的"特创论"和"物种不变论"等种种谬论以沉重打击。它不仅在生物学发展史上具有革命性的意义,同时对哲学的发展也起了重要作用。它把生命科学建立在唯物主义的基础上,为辩证唯物主义提供了自然科学的依据。

达尔文《物种起源》一书直指教会。教士们动用一切力量攻击和咒骂达尔文。叫嚷要"围剿'进化论',打倒达尔文""扑灭邪说,拯救灵魂"。1860 年 6 月,英国教会在著名的牛津大学策划了一次辩论会,进化论的捍卫者赫胥黎教授在会上作了精彩的演说,辩论会最终以进化论的胜利而告结束。进化论作为一种全新的理论,在科学界引起了极大的反响。由于不能理解,许多著名的科学家对这一理论表示怀疑,甚至提出种种责难。但是,达尔文为捍卫真理,半点没有退缩。他给科学界的许多朋友写信,热情地介绍进化论,积极宣传进化论。

牛津大学教堂

伟大的科学家

达尔文的进化论学说很快传到了世界的各个角落。《物种起源》用各种文字翻译出来,不断地在世界各地出版。革命导师马克思、恩格斯也对达尔文的理论予以密切的关注。他们认为达尔文进化论是科学史上的一次革命,它极大地推动着19世纪自然科学的发展。马克

马克思

恩格斯

极为赞赏地说："达尔文的著作非常有意义，这本书可以作为我研究历史上阶级斗争的自然科学根据。"马克思并把他的《资本论》第一卷题赠给达尔文，并郑重地在扉页中写道："赠给查尔斯·达尔文先生。您真诚的钦慕者卡尔·马克思。"恩格斯对达尔文创立进化论也予以高度评价，他将进化论誉为19世纪世界三大发现之一，并与马克思的伟大发现相提并论，他在马克思的葬礼上说："正像达尔文发现有机界发展规律一样，马克思发现了人类历史的发展规律。"

　　1882 年 4 月 19 日,这位伟大的科学家因病与世长辞,人们把他安葬在牛顿的墓旁,以表达对这位科学家的敬仰。

从 《物种起源》 谈起

生活里没有书籍，就好像没有阳光；智慧里没有书籍，就好像鸟儿没有翅膀。

——莎士比亚

名句箴言

《物种起源》诞生

达尔文大学毕业时，正是英国即将走向全盛的时期。当他结束对北威尔士的地质考察，回到施鲁斯伯里的家中时，他收到了亨斯洛教授的一封信。信上说，英国政府要派一艘"贝格尔"号军舰进行环球航行，舰长需要一位自然科学家同行。亨斯洛教授推荐他参加这次航行。父亲对此表示强烈反对。

　　达尔文只好去求助父亲所敬重的舅舅乔赛亚为他说情。在乔赛亚的劝说下,父亲终于同意了他的请求。

达尔文曾经做过地质考察的北威尔士

贝格尔"号军舰

从《物种起源》谈起

1831年12月27日"贝格尔"号军舰在做好充分的准备之后,气势巍然地驶出德文港,向南美洲进发,开始了长久而艰难的环球航行。

这次航行具有非常重大的历史意义。达尔文此次航行考察的计划是研究地质学和无脊椎动物学。海上航行和陆上考察都是极其艰苦的。航行中,狂风的呼啸声,海涛的咆哮声,军官和水手们声嘶力竭的喊叫声,经常把他这个第一次参加远航的人吓得魂不附体。他遇到的最大威胁就是晕船的痛苦,这常常迫使达尔文不得不暂时中断自己的工

达尔文的父亲罗伯特医生

作。晕船将达尔文折磨得筋疲力尽,有时稍微动一下,就像要昏死过去那样。正如他在给父亲的第一封信里所说的:"一阵阵的干呕太痛苦了,那滋味使我感到不是肠子就是胃撕裂了。"然而追求科学的美好理想始终在激励着他,使他充满坚强的信心,去战胜各种困难。

　　1832 年 2 月 28 日,"贝格尔"号军舰驶抵巴西,到南美洲大陆和附近的岛屿进行考察。他的足迹遍及巴西热带雨林、里约热内卢、马尔多纳多、萨尔瓦多、布宜诺斯艾利斯、火地岛、智利和秘鲁等地,历时三年半。他爬高山、涉溪水、入丛林,过草原,搜集珍奇的动植物标本,挖掘古生物化石,历尽千辛万苦。他经常和同伴骑着马在荒无人烟的地带进行考察,并虚心地向当地居民请教。日晒雨淋,饥渴劳累,以及毒蛇猛兽和传染病的威胁,都没有使他畏缩不前。

　　达尔文的思想随着考察的进展而不断地向前发展。他开始认真思考"秘密中的秘密——新的生物在世界上初次出现的问题"。究竟是维护"物种不变"和"上帝创造万物"的传统观念,还是尊重客观事实,即物种在随着气候、环境的逐渐变化而不断地发生变异? 在达尔文头脑中展开了激烈的思想斗争。

加拉帕戈斯群岛

　　1835 年秋天,"贝格尔"号军舰抵达加拉帕戈斯群岛,在这里,达尔文采集到 26 个类型的陆栖鸟类。不久,航行到塔希提岛和新西兰，又经过澳大利亚横渡印度洋，再绕过好望角，回到了大西洋。1836 年 10 月，"贝格尔"号军舰凯旋回国。达尔文回到施鲁斯伯里同阔别五年的家人团聚了。这次航行，决定了达尔文一生的事业。

达尔文回国后不久，在亨斯洛教授的介绍下，结识了著名的地质学家赖尔。他根据赖尔教授的建议，先在剑桥把考察中收集到的标本整理好，然后搬到伦敦，在不列颠博物馆附近租了房间住下，用了两年时间核对了航海日记中的全部记录，联系出版了《贝格尔舰航行中的动物学》，还发表了几篇地质学论文。随后，他便把主要精力投入到探索物种起源和生物进化问题上来。

这一期间，达尔文经常回想他所发现的一些事实，比如，在巴塔哥尼亚发现的年代久远的动物化石，却和今天的动物很相似；美洲大陆上的同种动物，从南到北，它们的形态逐渐不同；加拉帕戈斯群岛的大多数生物都具有南美洲生物的特征，而群岛各小岛上的同种生物又多少有些不同。这些事实，有力地促使他产生了物种可变的思想，但是物种为什么会变化，变化的规律是什么，仍是个不解之谜。

为了解决这些复杂深奥的问题，达尔文非常明智地遵循了赖尔在地质学方面研究的范例，决定采用"将今论古"的方法，面向现实，面向实践，来解释物种起源和变化的原

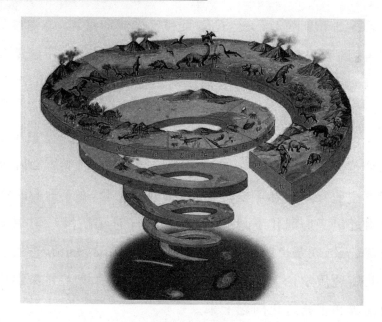

物种起源示意图

因。他首先选择了家养动物和栽培植物这条生产实践的道路,去探索奥秘。他废寝忘食地进行了 15 个月的系统调查,经常和育种家、园艺家交谈、通信,从他们那儿搜集各种家养动物和栽培植物的变异材料和培育方法。他亲自参与实践,认真考察了小麦、玉米等农作物的选育过程,亲自动手搞移植实验;仔细地分析比较鸡、鸭、鹅、牛、羊、猪、狗、猫等家禽家畜各个品种之间的差异,还着重研究了各种家鸽品种之间的差异和起源问题。这些卓有成效的研究工作,终于使他得出了如下结论:物种在人工干预下是能够改变的,家养动物和栽培植物的各种优良品种并不是上帝为了恩赐人类而分别创造出来的,它们是人民群众经过世世代代人工选择的结果;物种在人为条件下能够发生进化;具有明显不同特征的品种可以起源于共同的祖先。接着,达尔文又近一步研究了"在自然条件下又是什么力量在起选择作用"的问题。他联系在环球考察期间发现的各种现象,结合多年观察实验积累的大量事实,提出了"自然选择"即"适者生存"的理论。他认为:"在复杂的生存斗争中,对生存有利的变异,就会使物种有比较好的生存和发展的机会;而对生存有害的变异,却会使物种难于生存,甚至灭绝。自然选择每日每时地在自然界检查着生物最微小的变异,它像人工选择一样在起着汰劣留良的作用。"

1839 年 1 月 29 日,达尔文同他相爱多年的爱玛在梅庄教堂举行了婚礼,那时他已经将近 30 岁了。婚后,爱玛不仅非常体贴丈夫,而且热情支持达尔文的科学研究,经常替他整理和抄写科学论文。达尔文由于在环球考察期间饱经风霜,历尽艰辛,在以后的 40 年里身体一直不好。特别是从 1841 年开始,经常感到周期性胸闷、胸痛和晕眩。爱玛对达尔文无微不至的关怀和照顾,增强了他战胜疾病去完成自己伟大事业的信心和力量。

1842 年夏季,达尔文完成了《物种起源》的新提纲,总计 231 页。这份提纲包括了后来正式出版的《物种起源》的主要内容。但他对此并不满足,也不急于出版,而是坚持作进一步的补充。

《物种起源》第一版于 1859 年 11 月 24 日正式问世了。伦敦的几家书店门口,人声鼎沸,人们争相购买刚刚出版的新书,1250 册书当天销售一空。后来,增印的第二版 3000 册也很快被抢光,就这样先后共印了 6 版。达尔文的《物种起源》用极其丰富的资料,令人信服地证明生物界是在不断变化的,它有自己发生和发展的历史,现在世界上形形色色的生物都不是上帝的特殊创造物,而是"若干少数生物的直系后代",生物进化是客观存在的事实,并且有规律可循。它们从简单到复杂,从低级到高级,不断发展、进化。这种发展和进化,不是什么超自然力量干预的结果,而是自然界内部矛盾斗争的结果。他用物种变异的普遍性,推翻了物种不变论的形而上学的观点,有力地戳穿了千百年来流传的"上帝创造万物"的谎言。它在整个生物学领域产生了巨大而深远的影响,完成了一次伟大的革命。

书籍是全人类的营养品。

——莎士比亚

名句箴言

捍卫《物种起源》

　　《物种起源》一书的问世,不仅对达尔文的个人生活具有重要意义,还对大批有学问的人对生物界的观点和对人在生物界中的地位的观点有深刻影响。然而在此以前,为捍卫达尔文主义进化论学说,曾不得不进行长达 10 年的尖锐斗争,在 10 年的斗争过程中,达尔文的思想以及达尔文本人,曾经不断地受到攻击,这些攻击常常是粗暴的、恶毒的和不公正的。

ON

THE ORIGIN OF SPEOIBS

BY MEANS OF NATURAL SELECTION.

OR THE

PRESERVATION OF FAVOURED RACES IN THE STRUGGLE
FOR LIFE.

By CHARLES DARWIN, M.A.,

LONDON:
JOHN MURRAY, ALBEMARLE STREET.
1859.

《物种起源》一书的出版

达尔文为人温和,甚至对自己的对手也非常有礼貌,虽然他处于这些攻击风暴的中心,但他的一些朋友和拥护者却经历了最激烈的斗争时刻。然而,不管这些人的作用多么大,为达尔文争取越来越多的拥护者的主要斗争武器,还是他那部不断地进行新的版本和译本的出色著作《物种起源》,这部著作不知不觉地、不声不响地击败了各个对手,说服了那些动摇分子,在越来越多的无私地寻找真理的人们中间,为自己争得了许多朋友和信仰者。

赖尔说《物种起源》就是"一个长的论据",它被用来论证整个进化论理论,特别是用来论证对这种进化原因给予最完美的说明的自然选择理论。这部书是根据一个明确的、有逻辑性的提纲写的,这个提纲大体上也就是 1842 年和 1844 年《概要》中所拟定的那个提纲。达尔文是从人的如下实践活动开始的:人们通过对种公畜的人工选择,或者通过对留作种子用的最接近理想的植物的育种选择,能够培育出许许多多家畜的品种或数千种栽培植物的亚种来。他证明,由于变异和遗传,人们能够获得这些结果。由于变异,也就是说,由于一对动物的后代,或者由同一个荚的种子生长出来的植物,彼此之间略有区别这种情况,选择是可能的;而由于遗传,即经常看到的亲本将特性传给后代这一情况,通过选择优良的种公畜或选择优良的植物种子,就能够获得具有这些改良特性的后代。

野鸽

家鸽

家鸽与野鸽比较图

为了证明这样的人工选择能够引起亚种之间多么大的差别,达尔文以他自己饲养的家鸽为例。腿的长度,喙的长度和形状,尾羽的数目,腿部羽毛的差别和头部羽毛分布的差别是如此之大,以致这些差别如果是属于野鸽的话,那么它们就足以使人们把家鸽划分为不同的物种,甚至不同的属,然而,正如达尔文所证明的那样,这些家鸽都起源于一个野生种——岩鸽。

从这种人工选择转到自然选择。达尔文证明,自然界也有变异和遗传,自然界中代替人工选择的原因是"生存斗争,或者说是在生物按'几何级数'增殖的情况下不可避免的生存竞争。"达尔文作出了这一"自然的"解释之后,转而

竞争

谈到理论的难点。难点之一是摆在反复思考想要解决物种起源问题的生物学家面前的一个根本问题:变种如何成为物种?为什么通常在各个物种之间没有过渡?没有过渡这一点也是物种"创造论"的拥护者的主要论据之一。达尔文

在他最早的几本《概要》中还没有解决这个问题。在《物种起源》一书中,他提出了并深入地研究了"中间类型的性状的分歧和绝灭"的原理。达尔文认为,近似类型之间的生存斗争特别激烈。竞争者的生活方式和特性越相似,竞争就越激烈。反之,随着新的不同特性的获得,竞争也逐渐减弱,我们以达尔文在《物种起源》一书中引用的例子为例。

某个地方的狼要吃鹿和绵羊,它就要追捕鹿和羊。要想捉住鹿,就要跑得特别快,而要想咬死羊,就要有特别大的力气,那么跑得快的狼和力气大的狼就能在生存斗争中获胜。狼跑得越快,它就越能捕获鹿,力气越大的狼,它就越能专门捕获羊。而一切中间类型的狼,在生存斗争中就不能被保存下来,就将绝灭。而在生存下来的两种极端类型的狼之间,即在跑得最快的狼和力气最大的狼之间,竞争则减弱下来,因为这两类狼中每一类都将转变为吃专门食物的狼。这两种极端类型的狼之间的区别越显著,它们竞争的激烈程度就越小。达尔文就是这样先设想变种的起源,后设想物种的起源的。达尔文把自己理论的这一结论叫作中间类型的性状的分歧和绝灭的原理。

人工选择也有同样的情况:如果得出了某一个新品种,它就会把自己的先辈排挤掉。用达尔文的话来说,在英国,黑牛被长角牛所代替,而长角牛又被短角牛所代替。同时,据一个农业主说,头两个品种好像是被瘟疫毁灭掉了。马的情况也完全一样:如果追求的是速度,那么跑得快的优良品种的马一定排挤掉跑得不太快的品种的马,如果追求的是力气,那么优良品种的重驮马将排挤掉劣等品种的重驮马;最后所获得的将是越来越明显的极端类型:跑得快的那些品种的马将和重驮马具有越来越大的区别。达尔文认为,自然界发生的情况也是这样:如果一个类型内部生存斗争很激烈,那么中间类型总是处在不利的情况下,于是被保存下来的只能是在某个方面有专长的极端类型,从而使生存斗争中的竞争有所减弱。任何一个物种的后代越不同,这些后代彼此之间在习性和构造方面的区别越大,那么它们在自然界中就将争得更多的地位。

牛的进化

　　达尔文的进化论也有一些难点。他用为数不多的几个例子表明，即使是在这里也能够而且也需要承认，由比较简单的器官发展为比较复杂的器官，由比较简单的本能发展为比较复杂的本能，都是逐渐进行的。达尔文证明，即使是现在也还能找到一些生物，它们的器官是现代另一些动物身上存在着的向更完善的器官过渡型的器官。达尔文举了三个例子来说明复杂本能的发展情况：把蛋下在别的鸟巢里的杜鹃的本能，蚂蚁的奴隶本能和蜜蜂营造非常精美的蜂房的本能。并且达尔文善于在自然界中找到一些过渡形状来说明所有这些复杂本能的发展情况。

　　很难解释各变种之间杂交时如何由通常的能育性转变为物种彼此之间杂交时发生的不育性。这个障碍有很大的意义，因为达尔文反复证明，变种是"初期的物种"，而物种则是"强化了的变种"。达尔文指出，变种的能育性也和物种的不育性一样，绝不是经常存在的，可以发现这两种状态之间的过渡情况，这就缓和了这种异议。最后一个难点是当时没有现在各种类型的祖先在古生物学方面的直接连续，在古生物学的发现方面存在着一些很大的空白点。达尔文证明，这些空白点是不可避免的，原先那些动物的残迹随着时间的推移总是在逐渐消失，总之，我们任何时候也不能妄想得到一份比较完整的"地质记录"。

　　这本书的一个特点是达尔文对自己的理论提出批评，

并且是长达几章的内容。达尔文非常诚恳,并不隐瞒上述理论方面的难点,不仅不像许多坚持自己观点的作者那样,不去注意这些难点,而且还让自己的对手找出自己在理论和结论方面的弱点,仿佛他在寻找这些难点,并预见到一切可能提出的异议。是的,他并未使这些异议悬而未决,他总是对这些异议加以分析,并竭力使那些难点与自己理论的论点一致起来,后来,达尔文认为,他这本书之所以成功,是由于多年来他遵循着一条金科玉律,他在自传中说:"每当我在报刊上遇到同我的一般结论相反的新的视察或思想时,我都立刻如实地记下来;因为我从经验中确信,这一类事实和思想远比那些适合心意的事实和思想会更容易被遗忘。由于这种习惯,我才很少遇到以前未曾注意到的或者不曾企图答复的反对我的观点的异议。"一个科学者越是诚实,越是对自己要求严格,那么别人要想反对他的思想就越困难,华莱士正确地指出:"达尔文从来没有得到过暂时性的成功,但是成功本身却总是跟随着他。"

　　接着,达尔文谈到通过选择来得到足以说明进化理论的证据。不论"地质记录"多么不完整,但是"各种生物在出现时间方面的连续"这一众所周知的事实,在达尔文看来是和他的理论相符合的。而生物的地理分布,特别是生物在难点方面的不同进化情况都证明他的理论是正确的。最后,生物的分类,生物的体系,以"性状分歧"原则的观点来解释的"系谱表",证明属于同一类别的各种类型所具有的一般古代性状、有时是不适宜的性状（痕迹器官）的比较解剖学和胚胎学等,所有这一切都证实了他的理论。该书总的结论是,物种通过自然选择起源的理论要比创造论者的理论优越得多。

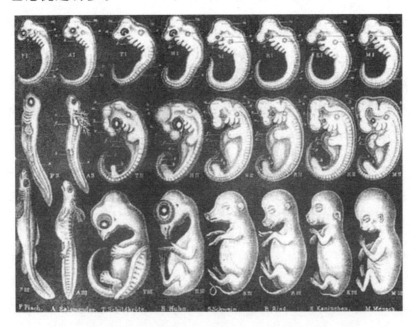

不同动物早期胚胎的相似,意味着它们有共同的祖先

《物种起源》仍然是以 1842 年和 1844 年的《概要》中的基本思想为基础的。而且书的总体结构几乎也是一样的,但全部材料则进行了彻底的加工。《概要》中有几章在这里作了进一步的发展,并且由于增加了一些新的材料而使内容更加丰富了,从另外几章中选取了最有意义的材料,而其

余部分则省略了;还有几章重新进行了修改。对原来的《概要》来说,有两处较大的增补:一处是关于鸽子的起源;另一处是关于中间类型的性状分歧和绝灭的原理。

达尔文始终也没有忘记书的基本目的是要使读者相信,各种类型的物种借助于自然选择而进化的观点比每个物种是由创造而产生的旧观点优越。自然选择理论是一种复杂的理论,它包括达尔文指出的几个前提以及由此得出的几个逻辑结论。每一个前提和结论,达尔文都必须非常严肃认真地加以论证,并用一些实例来证实。还必须对理论中的困难之处加以阐述和分析,驳倒对这一理论的一切异议或使人们对这些异议产生怀疑,也必须对这一理论的最重要的结论加以论证。所有这一切都要求对大量复杂的材料作出长篇论述,因为不这样的话,读者很容易被这样的材料搞糊涂,很容易忘记某个例子在总概念中放在什么地方,某个论断在总概念中又起着什么作用,总之,由于大量的细节,很容易使读者感到疲倦,为了使读者能够比较容易地抓住本书的基本思路,达尔文在该书绪论中扼要地叙述了这一思路,并指出他是如何将该书划分为若干章的;每一章结束时他都对本章的内容写出一个提要并重复其主要结论,全书结束时,他写了个《复述和结论》,再一次阐述了人工选择和自然选择理论的基本原理,他还接连不断地检查了分散在全书各处的所有对理论的异议,并且再一次集中地审查了所有的论证,这些论证看来要比那些异议的说服力大得多,因此,读者自然而然就能得出结论来,但这还是不够的。

达尔文在每一提要的最后,几乎在每一章的最后,都写上一句精心编写的结束语,在这句话里他再一次对有关选择和进化的思想加以强调。为了使读者更加注意这些结尾部分,他常常在结尾处用大写字母写某个要素的名称,如"变异""选择"等等。

这样,很快就有许多读者在一定的广度和深度上承认了他的学说。于是就出现了一些全部接受达尔文理论的狂热的崇拜者(如植物学家华生,他于 1859 年年底写信给达尔文说:"您的主导思想,即'自然选择',一定会被当作科学上的确定真理而为人们所接受。它有一切伟大的自然科学真理所具有的特征,变模糊为清晰,化复杂为简单,并且在旧的知识上添加了很多新

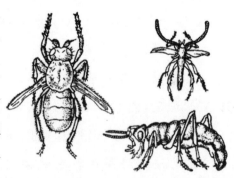

某海岛上的无翅或残翅昆虫

生物突变

的东西。您是本世纪,甚至是一切世纪博物学中最伟大的革命者。")。有一些人,他们欣欣鼓舞地对待这个理论的基

本原理,但是认为其中某些具有次要意义的细节还存在着弱点。还有一些人,他们一方面接受自然选择理论,但同时又认为这个理论不能解释人的精神能力是怎样产生的,因此他们设想(例如华莱士),这些精神能力是由于超感觉的精神世界的干预才发展起来的。很多人接受了自然选择的意义,但他们对类型的可变性只是部分地予以接受。一种人认为,可变的只是物种,而且是单独形成的;另一种人则认为,可变的是物种、属和科,而不是目和高级单位;第三种人认为一直到刚为止都存在着可变性;而第四种人则认为一直到门都是可变的。达尔文在一封信中写道:"有趣的是,每一个人都想出一个意思,按照这个意思他已经不再同意我的理论了。"

敌视达尔文理论的读者也增多了。有些人不同意达尔文的理论,但对作者的热爱劳动、对作者真诚的意图、对作者论述问题的严谨性却给以应有的评价;有些人发现达尔文的方法本身存在着一些缺点,指出他的理论中有许多重要原理并不是从事实和观察中直接得出的;最后,有些信仰宗教教义的人对达尔文的理论持坚决否定的态度。这里也出现了在其他类似情况下所出现过的现象。牛顿发现万有引力,受到了策布成茨的攻击,说万有引力"动摇了自然宗教的基础,因而也动摇了神的启示"。1859 年年底,达尔文在写给拉卜克的信中说:"当雷和闪电的发生第一次被证明是连续发生的原因的时候,那时关于每一个闪电并不是上帝亲手发出来的这一思想,对某些人来说简直是不能忍受的。"在这些杂乱无章的各种各样的意见和流派中间不能不发生争论。达尔文主义必须为自己争得地位,而且首先要克服因循守旧的习惯,因为大多数人还相信动植物的物种是永恒不变的。于是捍卫达尔文主义的斗争开始了。

赫胥黎

在这场斗争中,达尔文的年轻朋友托马斯·赫胥黎在英国起了很大的作用。他和达尔文一样,也是在一艘军舰上开始他的博物学家的事业的。他以海军助理军医的身份在"雷捷利斯涅克"号巡航舰上参加了四年考察工作,该舰在澳大利亚附近航行了将近三年。回英国之后,赫胥黎发表了有关公海的水母和其他透明体动物的著作,并为此获得了伦敦皇家学会的奖章,这是非常光荣的奖赏。他开始在伦敦矿业学校讲授自然科学方面的课程，成了矿业部陆上勤务的博物学家，他对古生物学进行了大量的研究，并且在矿业学校建立了一个地质博物馆。赫胥黎是一名优秀的普及工作者，他经常给工人公开讲课，礼堂里总是挤满了人，大家都聚精会神地听他讲课，他练就了一种简单明了地讲述问题的本领。他以自己通常所具有的那种机智说，在公开演讲时应该有一种十分清晰的叙述问题的能力，"使得听众能够认为，甚至在他们不理解的时候也是理解的"。

在物种起源问题上，赫胥黎并没有采取积极态度，而是一直在观望，或者如他所说的，用歌德的术语来说，他是采取了"积极的怀疑主义"的态度。一方面，他不相信创造论，不相信神能超自然地干预自然界的自然过程。另一方面，他也不相信类型的进化，因为当时流行的进化理论（如拉马克的理论和《创造的痕迹》的作者的理论），引用说明进化存在的论据太少，并且对进化方式和进化原因的解释也很少能被人接受。他与赫·斯宾塞就这一题目进行过多次争论。正如我们所指出的那样，赫·斯宾塞是从哲学方面来捍卫进化思想的。

达尔文知道，已经习惯于相信物种创造论的读者，对他的进化观点将产生怀疑，起码最初会是这样。但他暗中希望，他过去一直认为是无私地追求真理的那些科学家在极其详细地了解了他的各种论断和论据之后,一定会转到他这边来的。他把刚刚出版的书分送给他们,渴望知道他们的评论和意见。他首先给自己指定了三位评判者:一位是在地质科学中实行过变革的赖尔;另一位是在读这本书的校样时就已经开始转到他这方面来的虎克;第三位是年轻的、对自然史方面提出的每一个新思想都作出积极反应的赫胥黎。

的确,赫胥黎后来把达尔文和华莱士的初期著作,特别是《物种起源》一书给他的印象和由这样一句话所产生的印象作了比较。这句话是:"闪电的闪光,突然间为在沉沉黑夜中迷了路的人照亮了他回家去的路,或者去别的地方的路,但是一定是他要去的地方。"

达尔文对赫胥黎的评语感到非常满意,这可以从他给虎克的信中的一段话看出来:"我接到赫胥黎的一封信,他对我那本书大加赞扬,由于谦虚的缘故(因为我正在设法为自己培养这种难以培养的品德),我不把这封信寄给您了,我本想把它寄给您的,但是我对我自己有很谦虚的看法。"

赖尔对这本书的态度是由他的特殊的思想方式决定的。达尔文在自传中是这样表述赖尔的思想的:"我总认为,他的思想的特点是:明朗、谨慎、果断,而且富有创造性。每当我向他提出有关地质学方面的问题时,他总是不把问题彻底弄清楚决不罢休,而且他经常使我对问题的认识比以前更加清楚。他对我所作出的一些设想常提出各种各样的异议,甚至在看来没有任何异议可提的时候,他还依然抱着怀疑的态度。他的另一个特点是特别同情别的科学工作者的劳动。"

赖尔思想的两大特点也表现在他对待《物种起源》这本书上。赖尔首先感到由衷高兴的是,他和虎克曾竭力说服达尔文不必再等一些时候才出版这本书,因为纵使达尔文能活到100岁,但是要等到他把自己的许多伟大总结所依据的一切事实都准备好了之后再来出版,那么这种时机大概是永远不会到来的。接着赖尔称赞了这本书的形式。他说:"在许多页中都光辉地表现出严密的推理和一连串的论证;内容高度的集中,对于尚未入门的人来说,也许集中得有点儿过分了……"因此赖尔认为,需要很快出版一个新的版本,为阅读方便,他认为最好能再增加一些例子来说明那些抽象的原理。但这只是为了便于阅读,因为就证据所具有的力量而言,这些例子并不能补充多少新的东西,因为赖尔认为,即使现在,达尔文的证据也已经是足够有力的了,因此,如果承认达尔文的基本思想,如果"对他作一点让步的话,那么就应当接受他的一切……"

但是赖尔对这本书的赞扬并非真实的,他还向达尔文提出了一系列的异议、意见和困惑难解的问题。例如,他认为达尔文把眼睛这样完善的器官用来举例是不妥当的。这个例子或者应该加以发展,提出一些更详细的证据说明眼睛是逐渐进化的,或者把这个例子完全删去。接着他认为达尔文对自己的前辈——拉马克和若夫鲁亚,圣伊勒

原上猿　　腊玛古猿　　南方古猿　　直立猿人　　尼安德特人　　克罗马农人

人种进化示意图

尔——太不重视了。他指出:"最卓越的博物学家们都不同意关于形态的可变性"的观点。他问达尔文,为了说明低等动物和高等完善动物并存,是否可以从他的理论中得出应该存在"单细胞生物"的自然发生这一结论呢?最后,成为赖尔接受达尔文理论的主要障碍是他对人的动物起源表示怀疑,他接受不了人和猿有种属关系的思想。赖尔力求从达尔文那里知道,他是否会让步,是否会假设在人的起源方面一定有创造力量的特别干预。达尔文回答他说:"要是有

人使我相信,我必须对自然选择的理论作这样一些补充,那我就会像抛弃无用的垃圾那样把这个理论抛弃。"

达尔文向赖尔解释他的观点:"智力和身体上的能力一样,都是通过选择逐步发展和进化的,或者可能是通过锻炼和改善,靠遗传而逐步固定下来。"达尔文再次重复说:"如果自然选择的理论要求在进化的任何一个阶段上加入一个'神圣的东西'的话,那我认为这个理论就没有任何价值了。"

的确,这里是没有折中的:要么承认自然界的一切都是按"自然法则"进行的,要么承认一切都是受"最高的智能""创造者"等影响而起作用的。因此达尔文给赖尔写信说:"我想您将被迫拒绝一切,要不就承认一切",但是达尔文清楚地知道,承认一切对赖尔来说是异常困难的,因此他预料赖尔更倾向于采取前一种态度。

达尔文是这样解释"单细胞生物"的创造问题的,对于自然选择的理论来说,这是个多余的和毫无根据的假说,因为这个理论不包括生物进步的必然趋势的思想。

时间,所有拥护物种不变论的人都开始激动起来。那些盲目相信世界创造说的人都不满起来,那些向人们宣扬关于在生物身上体现着一种抽象思想的自然哲学家们也不满起来,所有承认超感觉的形而上学的原理(这种原理为了一定的目的而创造了生物)并宣扬所谓的"终极原因"(即创造这些生物的目的)的人都不满意,但是使人们感到更为不满的是达尔文在《物种起源》一书中仅仅用一句话所涉及的问题的一个方面。这句话是:"大量光明将投射在人类的起源和他们的历史上。"在哥白尼时代,要人们放弃地球是宇宙的中心这一观点是不可能的,同样,现在要人们放弃人在生物中处于完全"特殊的"地位这一习惯的看法也是不可思议的。乌莫夫教授在他发表于《纪念达尔文文集》中的一篇文章中说:"无论是在我们这里还是在西方,在那些非专家的人中间,都有一些反对达尔文学说的人,在这些人的感情中屈辱感占着上风,他们感到屈辱的是人不是通过奇迹从地球上产生的,而是来自猿或来自和猿同一个祖先。"

大猩猩

　　植物学家华生盛赞达尔文是 19 世纪最伟大的科学革命家,他在给达尔文的一封信中说:"关于猩猩和人类之间的连锁中断,您给我的答复正是我所预料的。用自然现象所作的这种解释确实是我以前从来也没有想到过的。和人差不多的最初的人种,同自己的堂兄弟(即近似人的人)发生了直接的、歼灭性的战争。这样就造成了连锁的中断,以后这种中断日益扩大,以致达到现在这样大的规模。这种意见,加上您的动物生命年表,将使许多人的思想大为震动!"

　　1859 年 11 月,《英国科学协会会报》中的一篇对达尔文《物种起源》的书评初露端倪。评论者认为书中"最主要的问题"是人的起源问题。书评中说:"在迪斯累里写的一篇出色的中篇小说中,列季·康斯坦察·罗乌里认为可以相信人来源于猿猴。《创造的痕迹》一书中也暗示过的这种有趣的想法,经达尔文先生深入研究之后,变成了某种确实可信的东西。从他的观点来看,人是昨天出现的,明天又将消逝。我们不是长生不灭的,我们只是一时的,或者说,是'偶然的'。"书评的作者在叙述自然选择理论时,把自己的批评归结为:"由于通过对少数相当远的祖先进行自然选择而产生的变化所形成的起源理论有一定的朴素成分……白菜可能是最早的植物,而鱼则可能是最早的动物。最早的动物也可能是鲸鱼。那么我们在单独的创造行为中需要的是什么呢？……如果说猿猴变成了人，那么人又将变成什么呢？"评论者用他从达尔文那里找来的一些异议，如地质记录的不完全，缺乏中间环节，整批整批的物种在某些地质层中的突然出现等等来反对进化理论。的确，评论者认为，达尔文即使在阐明这些事实时也是在为自己辩护的。但是，评论者说，在这样对待事实的情况下，"理论可以承认您所希望承认的任何形式"。书评最后抨击说："达尔文先生对得到年高德重的科学家的赞许并未抱多大希望，他主要寄希望于青年，正如他曾经说的，寄希望于摆脱了枷锁的人……对我们来说，只要补充说，无论是这本书，还是它的作者，或者是书中谈的事物，完全是普普通通的就足够了。这本书是值得注意的，而且我们也不怀疑，它应该受到注意。有学问的博物学家们将根据作者本身的情况来研究作者，而这里，我们想象，为使这一理论彻底存在下去，必将发生一场严酷的斗争。神学家们说（他们也有权洗耳恭听），创立复杂的、把神排除在重复的创造行为之外的理论有什么意思呢？为什么不老老实实地承认，新的物种是由上帝的创造力量创造的呢？为什么对不必要的非直接行为不进行直接的干预而要使用进化法则呢？我们在向读者介绍作者及其著作之后，应该把他交给圣学院、大学院、教室和博物院去摆布才是。"

达尔文看了书评之后，写信给虎克说："他把不朽的问题也扯了进来,并用这种手法唆使那些僧侣们来攻击我,让他们来折磨我,这种手法是卑鄙的。诚然,他不是要烧死我,但是却准备好了干柴,并告诉那些黑色的骗子们怎样可以捉到我。"

很显然,对达尔文的无神论的攻击,不是刊登在神学杂志上,而是刊登在自然科学杂志上。地质学家塞治威克的批评,语气特别尖锐,令人不能容忍。他过去某个时候曾经是达尔文的老师,达尔文在作环球旅行之前曾和他一起进行过地质考察。这篇文章的语气充满了愤恨、嫉妒和讽刺,因此达尔文在给爱沙·葛雷的信中提到"可怜的老塞治威克对《物种起源》发出的狂怒"时说:"我永远不能相信宗教裁判者会是一个好人,但是现在我知道了,一个人可以火烧另一个人,同时又可以有一颗像塞治威克那种又慈善又高贵的心。"

英国所有的媒体都注意到了达尔文的这本书,持敌对态度的文章越来越多。然而在很有影响的《泰晤士报》上却刊载了一篇未署名的非常精彩的文章,对《物种起源》这本书作了高度的评价。达尔文根据这篇文章独特的风格,立即猜到了它是赫胥黎写的,虽然他也知道,赫胥黎并不是这家报纸的撰稿人。这篇文章的作者建议人们不要只停留在那些正统的观点上,因为根据这种观点来看,有机界是"创造者的命令的直接产物,因此它应该完全被排除在科学研究之外"。

　　原来事情是这样的:《泰晤士报》的记者鲁克斯收到一本《物种起源》,请他加以评论。鲁克斯是一位优秀的新闻记者,但是,据赫胥黎说,在自然科学方面他却像婴儿一样的淳朴无知,因此他很为难。有人建议他去找赫胥黎帮忙,于是他们商定,由赫胥黎写一篇书评,而鲁克斯则加几句开场白。结果这样做了,双方都很满意。毫无疑问,书评刊登在信中称之为"奥林普山的丘比德"的报纸上,这对于提高这本书的声望起了巨大的作用。

当时欧洲讽刺"进化论"的漫画

赞同达尔文的书评只是个例外,当时出现的对这本书充满敌意的文章则是大量的。对于那些直截了当的恶毒攻击和侮辱性的文章,达尔文能够泰然处之,宽大为怀。但是一些评论者和批评者随心所欲地歪曲达尔文的思想和学说,使他大为恼火。批评者们对达尔文的著作抱着这样一种"卑鄙态度":他们根本不想知道达尔文要说的话,他们对达尔文的思想进行种种歪曲,这一切使达尔文越来越苦恼。他于 1860 年 6 月给赖尔的信中说,他担心所有这种反复不断的攻击会使那些纷纷前来"向他请教的人"从此止步,其中许多人也可能向后转。这个期间他在给虎克的信中忧郁地表示怀疑,他能否把自己的思想解释清楚,因为他这本书的评论者们根本不懂得他的论断过程。他说:"我开始认为我自己是完全错了,我成了一个最愚蠢的人,但是我还不能使自己相信,难道赖尔、您、赫胥黎、卡本德、爱沙·葛雷和华生等人也都是蠢材吗?……不管怎样,时间会说明一切,而且只有时间。"

1860 年 6 月英国科学协会在牛津召开会议。大家都在谈论《物种起源》。6 月 21 日牛津的道宾尼博士作了一个报告,题目是"论植物性别的终极原因兼论达文的《物种起源》一书"。主席请赫胥黎发表意见,但赫胥黎拒绝了,理由是"大部分听众过于感情用事,这会影响他们进行理智的判断,所以不可能在他们面前展开科学讨论。"奥温表示愿意从哲学的意义上来考察这个问题。他相信有些事实能够使公众断定达尔文的学说正确到什么程度。他认为，大猩猩的脑结构就属于这类事实。他认为，大猩猩的脑同人脑的差异当然比大猩猩的脑同最低等的猕猴的脑的差异要大。曾经研究过类人猿的脑结构并得出了完全不同结论的赫胥黎，对此发表了如下的意见："我要直接而明确地反驳奥温先生的这种论断。我的行动方式虽然不同寻常，但看来是必要的。我将在别的某个场合来证实这一点。"

赫胥黎认为，当在场的广大公众都是对科学一知半解时，这种场合就不是进行科学争论的场所。因此，无论是他还是虎克，当他们听说在英国科学协会的会议上英国的芝威柏特将作一个报告，题目是《论欧洲的智力发展兼论达尔文先生的观点》，以及牛津的主教韦勃甫司准备"摧毁"达尔文的无神论学说时，他们都不打算出席这次会议，但是赫胥黎偶然遇到了《创造的痕迹》一书的作者詹博思，他请求赫胥黎一定要去参加会议，"不要抛弃我们"，虽然这个"我们"有点取悦于赫胥黎，但赫胥黎却答应出席会议。出席会议的还有虎克。

韦勃甫司对自然史了解不多，但是，正如达尔文的朋友们所听到的那样，他却被奥温"塞满"了许多反对达尔文的东西。作为宗教界的发言人，他还是很有威望的。因此，当他准备"消灭"达尔文的消息传开后，许多人都来参加会议，其中有许多宗教界的人士和女士,共有 7000 多人。

赫胥黎在牛津大学讲台上驳斥大主教的偏见

韦勃甫司的演说非常精彩,其中充满了对达尔文的讽刺,博得了与会者的阵阵掌声。他预见到赫胥黎将要起来反驳他,因此他在结束演说时向赫胥黎提出了一个问题:"赫胥黎教授是否认为他是通过他的祖父或者通过他的祖母而来自猿猴呢?"这个问题引起了哄堂大笑,赫胥黎接受了挑战,他很镇静地指出了这位主教在发言中所犯的许多自然史方面的重大错误,然后对这位主教最后提出的一个讽刺性的问题作驳斥,他说一个人没有任何理由因为他的祖先是一个猿猴而感到羞耻,使他感到非常羞耻的倒是这样一个人:"这个人浮躁而又饶舌,不满足于在自己的活动范围内所取得的令人怀疑的成功,而要插手于一窍不通的科学问题,结果只能是以自己的夸夸其谈而把这些问题弄得模糊不清,并且用一些娓娓动听的但却离题很远的议论,以及巧妙地利用宗教上的偏见而使听众的注意力离开争论中的真正焦点……"

赫胥黎的反驳更是精彩,给与会者留下深刻的印象。与会者报以雷鸣般的掌声。英国人应该承认,这位主教由于对赫胥黎的祖母说了那种出自"非绅士之口的"无礼语言而使自己受到相应的谴责。

虎克在赫胥黎后也发了言,他根据自己所知举了几个例子来说明主教对植物学的无知,主教没有提出反驳,会议就结束了。

牛津辩论会使达尔文进化论思想大获成功。主教受到的教训使那些外行人不敢再发表肤浅的言论和进行冷嘲热讽了。毫无疑问,这个教训在伦敦的舆论界对于捍卫新的学说起了转折性的作用。辩论会的一个参加者后来告诉达尔文的儿子弗朗西斯说,就在那天晚上,在好客的牛津植物学教授道宾尼的房间里,挤满了很多人,他们的话题几乎完全集中在《物种起源》的论战上,英国宗教界那些穿"黑礼服系白领带"的人们和赞同《物种起源》的人们,都对韦勃甫司的发言感到愤慨,而对论战的胜利者表示祝贺。

但是反对达尔文进化论的敌对势力并没有屈服。《每季评论》上发表了一篇文章,达尔文的朋友们认为这篇文章是韦勃甫司和奥温写的,其目的是要离间赖尔和达尔文,因为赖尔在社会上享有很高的威望,他对新学说的浓厚兴趣是人所共知的。文章中说:"达尔文先生离开了一个博物学家进行工作的宽广大道而走入了虚幻假设的丛林,这是一大罪恶。达尔文先生认为他可以把赖尔看作他的信徒之一,我们相信他这样认为是打错了算盘。我们当然知道,达尔文先生可以对他那位地质学上的兄弟施以强烈的诱惑……但是没有一个人比赖尔更明确地、更合理地否认了物质可变的说法(文章的作者这样写,暗示的是赖尔的《地质学原理》第二卷,在那里赖尔对拉马克的观点进行了驳斥),他这种否认并不是发生在其科学生活的幼年时期,而是发生在其科学生活的精力充沛时期和成熟时期。"接着这位主教希望依靠赖尔的帮助来"彻底消灭这种浅薄而又抽象的理论,正如彻底消灭它的孪生兄弟……《创造的痕迹》一样。"

赖尔一直处于观望状态。他对《物种起源》表示赞同,很有兴趣地、仔细地阅读了这本书,但他还不能坚决地"转向"新的信仰。他继续和达尔文进行着频繁的书信来往,经常向达尔文提出一些新的次要的异议,达尔文则逐一给予答复。达尔文知道,赖尔正在准备写一部巨著《人类的古远性》,因此他期望赖尔在这本书中坚决地站到他这一边来。但有时候他也流露出自己的顾虑。因为赖尔年事已高,赖尔以前曾抱有反进化论的观点,赖尔在"社会上颇有地位"——所有这一切本来是会把赖尔拉向另一边的。然而赖尔却巧妙地处理了"与华莱士的冲突事件",坚决主张公布"巨著"的摘要。这部巨著的成绩表明,赖尔是对的。因此达尔文在遇到小小的困难时,继续向这位聪明的朋友请教。

有一篇对《物种起源》的评论使他很激动,他曾准备在《物种起源》的新版(穆瑞已经主张出第三版了)中对这些攻击予以回击。赖尔建议达尔文将原文再稍微扩大一些,在某些地方加进对各种异议的答复,但不提持异议的人的名字。他

捍卫进化论的达尔文

还建议达尔文不要亲自出面干预论战。达尔文采纳了这一建议,因为他的朋友们都在积极地继续"为捍卫达尔文主义而战斗",特别是赫胥黎,达尔文在一封信中说赫胥黎"在传播魔鬼的福音方面是他的殷勤周到的代理人"。

赖尔的《人类的古远性》一书于1863年出版,既没有使达尔文本人满意,也没有使达尔文的论敌满意。赖尔所说的最有利于达尔文理论的一句话,达尔文认为,可以说成这样:"如果物种借助变异和自然选择而发生变化这种情况无

论何时都被证明是极其可能的话……"人们从这样一句话中当然不可能了解赖尔本人的看法究竟是什么。除了一些似乎足以说明物种变化的事实以外,在关于大脑和智力那一章中,他甚至还暗示在动物智力的最高形式同人类智力的最低形式之间还有着鸿沟。

达尔文非常沮丧的给虎克写信说:"在这个问题上最有意思的是,赖尔认为,他以昔日殉道者的勇气采取了行动。"

1860 年 1 月,他给剑桥的一位老朋友詹宁斯牧师写信时说:"关于人类,我很不愿意把自己的信念强加于人;但我认为完全隐瞒我的意见是不诚实的。当然每个人都可以自由地相信人类是由于一个特殊的奇迹而出现的,但我自己既没有看出它的必要性,也没有看出它的可能性。"

赫胥黎也竭力驳斥奥温关于人在自然界中的地位的思想。早在 1857 年,奥温就提出了一种哺乳动物新的分类法,在这一分类法中,他把人跟所有

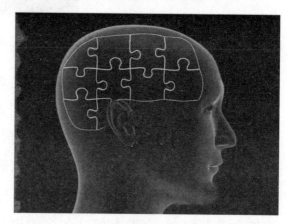

人脑结构

其他的哺乳动物加以对比,把人区分出来,列入特殊的一个

"哺乳类"的亚纲中。在这一点上，奥温依据的是人脑结构的几个特点（他认为只有人才具有这些特点），即依据下面三个存在：一是大脑半球中从上面盖住小脑的"第三部分"；二是侧脑室后角；三是所谓的小海马，即每一个脑半球的后叶室里的脑壁特别内陷。赫胥黎反对奥温的观点，他证明这些脑的特点不仅人有，而且类人猿也有。辩论持续了两年左右，直到1867年在剑桥召开的"英国科学协会"的一次代表大会上才结束。会上弗洛乌耶尔教授展示出解剖标本，证明高等无尾猿同人一样，也有人脑的那些特征。奥温的分类法实在荒唐，他把哺乳动物分为三个亚纲：哺乳类亚纲，他把人算作这一类；大量的其他哺乳动物，除了鸭嘴兽，都属于这一类；对鸭嘴兽他又提出了另一个概念。因此达尔文以讽刺的口吻指出："我不能同意人区别于黑猩猩就像鸭嘴兽区别于马这种看法。那样的话，关于黑猩猩又会怎么说呢？"

《物种起源》第二版（1860年1月3日出版，印数3000册）也很快就被抢购一空。达尔文在爱沙·葛雷的帮助下开始准备另出一个美国版。他打算为美国版写一个历史性的序言，并想在序言里提到自己的那些先辈进化论者。促使达尔文这样做的是如下一种情况，即现在，当大家的注意力都集中到进化论和选择原理时，突然出现了许多人，他们都妄想以首先发现这种理论和原理而自居。1860年4月，马太在一家园艺杂志上发表了一篇简讯,说他早在 1831 年就已经发表了 20 年以后的今天达尔文先生想证明的一切。人们还向达尔文提出,法国植物学家诺丹在 1852 年时曾发表了一部书名为《关于物种的起源》的著作,其中也提出了选择的原理,人们曾运用这一原理来培植栽培作物的种子。最后,赖尔告诉达尔文说,德国人夏福浩森于 1853 年发表在德国一个省的协会杂志上的《关于物种的不变性和可变性》一文引起了他的注意,这篇论文发展了地球上的物种是由过去存在的物种变来的这一思想,还提到了中间类型的灭绝问题。所有这些作者,达尔文决定在自己的序言中都要提到。例如,达尔文在提到马太的《论造船业和育树》这部著作时说,它是一部"作者清楚地看到了自然选择原理的意义"的著作。达尔文接着说:"不幸,马太先生对于这一观点的叙述非常简略,只是以片断的形式发表在阐述完全是另一个问题的一个著作的补遗中,因此没有被人们所注意。"达尔文在先驱者的名单中提到这些竞争者。但由于同他指出的那些人中一些人"在观点上的小小分歧"极端重要,所以显然不可能认真对待他们的主张。

总之,《物种起源》是自然科学史上一个重要的里程碑,因为它成了 19 世纪绝大多数有学问的人改造世界观的开端。

《物种起源》，一部划时代
的著作。

标志着 19 世纪绝大多数有学问的人对生物界和人
类在生物界中的地位的看法发生了深刻的变化。

影响历史进程的经典著作。

震撼世界的 10 本书之一。

对人类发展进程产生过广泛影响的巨著。

影响中国近代社会的经典译作。

1985 年美国《生活》杂志评选的人类有史以来的最
佳图书。

1986 年法国《读书》杂志推荐的理想藏书。

1859 年 11 月 24 日，在英国伦敦，这是很不平凡的
一天。这一天，伦敦众多市民涌向一家书店，争相购买
一本刚出版的新书。这本书的第一版 1250 册在出版之
日全部售完。

这本轰动一时的新书就是《物种起源》，它是进化论
的奠基人达尔文的第一部巨著。这部著作的问世，第一
次把生物学建立在完全科学的基础上，以全新的生物进
化思想推翻了"神创论"和"物种不变"的理论。

《物种起源》,在欧洲乃至整个世界都引起轰动。它沉重地打击了神权统治的根基,从反动教会到封建御用文人都狂怒了,他们群起攻之,诬蔑达尔文的学说"亵渎圣灵",触犯"君权神授天理",有失人类尊严。与此相反,以赫胥黎为代表的进步学者,积极宣传和捍卫达尔文主义。进化论轰开了人们的思想禁锢,启发和教育人们从宗教的束缚下解放出来。

达尔文的《物种起源》非常有意义,这本书可以用来当作历史上的阶级斗争的自然科学根据。

从最古老的单细胞到有着复杂生命结构与思维的人类诞生,在漫长的 30 多亿年生命行进征程中,形形色色的生物从出生到灭亡,从低等到高等,究竟是何种神奇的力量推动着生物的进化发展呢? 多少个世纪以来,人们绞尽脑汁,企图找到令人信服的答案,最终都以百思不得其解而告终。

达尔文的《物种起源》一书成了生物学史上的经典著作。如今,《物种起源》所提及的许多观点已成为人尽皆知的常识。达尔文的生物进化论后来不断地得到发展。20 世纪 40 年代初,英国人霍尔丹和美籍苏联生物学家杜布赞斯基创立"现代进化论"。

现代进化论者摒弃了达尔文把个体作为生物进化基

本单位的说法,他们认为,应当把群体作为进化的基本单位。突变本身是物种的一种适应性状,它既是进化的动因,又是进化的结果,自然选择的作用不是通过对优胜个体的挑选,而是以消灭无适应能力的个体而实现的。现代进化论很好地解释了古典达尔文主义无法解释的许多事实。

自然选择对生物体型有重大影响

遗憾的是在达尔文时代,遗传学先驱孟德尔还没有让世人相信他的遗传学说,否则,达尔文定会痛不欲生,因为 1838 年,他选择了亲舅舅的女儿——表姐爱玛作为终身伴侣。据说,到了晚年,达尔文对孟德尔和他的遗传学略有所闻,他常常为他的近亲结婚感到不安。

　　达尔文进化论中的自然选择学说为科学方法和哲学思想提供了一个崭新的观念。在达尔文之前，几乎所有的思想家和科学家都是决定论者，认为自然现象是可以用普适定律加以精确的描述和预测的。

达尔文与进化论

读书以过目成诵为能，最是不济事。

——郑板桥

名句箴言

进化论诞生前的传说

神创论

人类是从哪里来的呢？刚刚出生的小孩子都会问爸爸妈妈这样的问题。这个问题从人类诞生之日起，似乎就成为人类的一个谜。在科学的理论还没有产生之前，人们往往赋予它各种各样的解释。而这些解释往往是人的主观意志所想象出来的,是超自然神秘的,一般以创世神话的形式表现出来。

苏美尔人是最早的创世神话者,至今流传的楔形文字泥板《七表诗》中这样描述:创世之前曾经有两个神,

男神是淡水海洋阿斯普,女神是咸水海洋梯阿马特,两个神生下了许多神灵,后来神之间发生大决战,一方以梯阿马特为首,一方以梯阿马特的曾孙、众神之王马尔都克为首。马尔都克战胜梯阿马特,将她的身体一分为二造出天

苏美尔时代

地,又用梯阿马特的主要支持者金古的血液造出人,并强迫人膜拜神。

在古希腊,创世说是这样记载的:女神尤利诺姆将天空从水中分离出来,并用北风造出一条蛇叫欧菲恩。尤利诺姆与欧菲恩交配,变成一只鸽子,产下一个蛋。欧菲恩将蛋孵化,从中生出了天体、大地、动物和植物。

在中国,有女娲造人的神话传说,盘古开天辟地之后,天上有了太阳、月亮、星星,地上有了山川草木,花鸟虫鱼,就是没有人。不知道在什么时候出现了一个非常漂亮的女

神——女娲。

女娲的本领特别大，一天之中能 70 变。有一天，她在辽阔苍茫的原野上独自行走，看着周围的景象，感受非常孤独。她总觉得这天地之间还缺点什么，应该让它热闹一点才好。

女娲想了好久，不知道添点什么东西才能热闹起来。她有点疲倦了，在一个池子旁边蹲下来。忽然清澈的池水照见了她秀美的面容和美丽的身影，她忽然发现：她笑，池子里的影子也向着她笑；她生气，池子里的影子也跟着生气。于是她灵机一动，就想：既然世间各种各样的生物都有了，却单单没有像自己一样的生物，那为什么不创造一种像自己一样的生物呢？

想着想着，女娲顺手从池边抓起一团黄泥，参合了水，在手里揉捏着，成一个娃娃样的小东西。她把小东西放到地面上，这个泥捏的小家伙，刚一接触到地面，就活了起来，活蹦乱跳，而且一开口就喊："妈妈！"看着这个自己亲手制作出来的小人儿，女娲开心极了。她给他取了一个名字，叫作"人"。有了这样可爱的小人儿，大地上从此就热闹了，于是为了让更多的小人儿布满大地，她日以继夜，废寝忘食地用黄泥捏了许许多多能说会走的小人，看着这些小人在她身边跳跃欢呼，她的内心充满了喜悦。可是，一直这样没有不停地工作，女娲终于累倒了。

有什么样的办法能让女娲不再劳累呢？最后，她想出了一个好主意，那就是先从崖壁上拉下一条枯藤，把它伸入泥潭里，浸染了泥浆，然后向地面上一洒，泥点溅落的地方，就出现了许多小小的叫着跳着的小人，这些小人和先前用黄泥捏成的小人儿，一模一样。

用这种方法来造人，非常省事，不久大地上就布满了人类的踪迹。女娲看着自己的工作成果很是欣慰，可是转念她又想：人类是要死亡的，难道死亡了一批再创造一批吗？这样未免太麻烦了，不如想个办法让他们的生命永远绵延下去，于是她又把小人分成男的和女的，让男人和女人配合起来，叫他们自己去创造后代，所以人类就这样世世代代血脉相传，并且一天比一天多。

这些丰富多彩的故事是一笔宝贵的文学财富，但从科学的角度看，则是毫无价值的幻想。

理念论和目的论

科学是一种自然主义的世界观，与神创论相反，它试图用自然力量解释自然现象，而不借助于任何超自然的力量。科学也是一种方法论，以实证为依据，以逻辑为工具，力图在观察或实验的基础上，对发现的自然现象提出合乎逻辑的自然解释。自然主义、理性和实证方法，是科学思想的三大不可分离的特征。

其中最有代表性的是苏格拉底的学生柏拉图(公元前427～前347年)和柏拉图的学生亚里士多德(公元前384～前322年)。柏拉图哲学思想的核心是理念论(也称作形式论),他把世界分成了精神世界和物质世界两部分,认为我们在物质世界中所观察和感觉到的一切事物,都不过是对精神世界中潜在的"理念"或"形式"的虚幻的反映,是理念的摹本。理念是完善而永恒的,而事物则是不完善的、变化着的。例如,"马"是一种理念,它并不指特定的任何一种有形的马,不存在于空间和时间中,因此是永恒不变的。而存在于感官世界中的特定的马,却是会变化、死亡和腐烂的。所谓理念实际上是我们对经验进行归纳,抽

柏拉图

象而得的概念。我们从形形色色的马的个体归纳出"马"的概念,让我们能够抽象地思考马,而不是某匹特定的马。这种归纳使我们能够使用抽象的概念进行交流,同时也使我们在日常生活中可以区分马和牛,而不至于"风马牛"。但

是,并不是所有的马或牛都是一样的,归纳的结果总是简单化的,而我们的经验也会影响到归纳的准确性,因此归纳并非总是可靠的。然而,柏拉图的理念论认为只有理念才是真实可靠的,才是实在,除此之外,一切都是实在的幻象。

马

柏拉图的理念论同时也是一种本质论,认为事物有一个永恒的、真实的本质。这更是与现代生物学的观念背道而驰。不同的马可以说是"马"这个概念的不完善的"摹本",但是这种多元化并非是"实在"的不完善的反映,它们本身就是实在,也只有在这些实在的基础上,才能进行归纳:没有马的个体,也就没有"马"的概念。此外,"马"这个概念只是对马的不同个体所表现出来的一些共同特征的归纳,反映的是由不同的马组成的群体特征。既要注意到马的共同特征,也不可忽视马的个体差异,后者并非不重要,在一定条件下是更重要的,它们有可能改变马的本质,马的本质并不是不可改变的。达尔文和孟德尔都不同程度地意识到了这一点,因此都特别重视生物个体的变异。柏拉图的哲学思想对后来的西方思想有深远的影响,但是对现代生物学观念的产生和被接受却起到了重大的阻碍作用,以致有人说柏拉图的著作对生物学是一场大灾难。

亚里士多德在一定程度上继承了柏拉图的哲学思想。他相信理念论,也相信物质与精神的二元论。但他与柏拉图不同,亚里士多德并不把物质世界和精神世界截然分开,相反地,他认为形式和物质是结合在一起成为一个整体的。亚里士多德在研究生物体的发育时,认为发育的最

亚里士多德

后阶段(成体)解释了在早期阶段发生的形态变化。在他看

来，一个胚胎之所以能够发育成人，是因为它蕴涵着人这种形式（形式因），其目的是要发育成完整的人（目的因）。亚里士多德还区分了潜在性和实际性，认为所有的变化都涉及从一个潜在状态到实际状态的变化，因此，在亚里士多德看来，胚胎是潜在的人，而婴儿则是实际的人。目的因的说法在后来被发展成了目的论。亚里士多德的"目的因"只是表明生物体一种内在的属性，但是"目的"也暗示了有意识的创造，因此生物体及其器官似乎是为了某种特殊的目的而被设计出来的（眼睛是为了看、耳朵是为了听而设计的），而每一个物种也都是为了实现某个目的而创造出来的。罗马帝国的老普利尼（公元 23～79 年）即声称所有物种都是为了人的需要而创造的。但是这个目的是由谁来设定的，又是由谁来创造的呢？在基督教统治欧洲之后，目的论就与基督教的神创论相结合起来。上帝不仅创造万物，而且为万物设定了目的。

设计论

我们所生存的空间复杂而有序，似乎是经过人们设计出来的。从柏拉图、亚里士多德开始，这种设计就被用于证明神的存在。古罗马演说家西塞罗（公元前 106～前 43 年）用一个著名的例子说明了这一点："当你看到一个日晷或一个水钟,你看得出它是通过设计而不是偶然来报时的。那么,既然宇宙拥有一切东西,包括这些制造物本身及其制造者,你怎么能够想象宇宙作为一个整体是没有目的和智能的呢?"

17世纪,现代科学兴起,出现了一个用客观的科学标准证明上帝的存在的思潮。一些信徒们试图通过研究大自然来领悟上帝的旨意,有的甚至认为这比研究《圣经》还要可靠。这个流派被称为自然神学。18世纪,尽管遭遇启蒙运动的挑战,自然神学仍然生机勃勃,一名英国牧师威廉·佩利在1802年出版

西塞罗

的《自然神学》一书描述了许多生物体复杂结构以及它们对环境的巧妙适应的例子,对年轻的达尔文有很大的影响。

"来自设计的论证"是自然神学基础:世界复杂而有序,它们不可能是随机自然形成的,而只能是由一个智能设计者有目的地创造出来的。佩利在其著作中生动地论述了西

塞罗已经想到过的"手表类比",以后经常被作为佩利的发明提及:设想你走过一片荒野,脚踏在石头上,你可能会假定这些石头一直就在那里,而不会追问它们是怎么来的;但是如果你在地上见到了一块手表,你就会奇怪它怎么会在那里,而且你知道这块手表不可能是自然而然地出现在那里的,一定是由某个手表匠制造出来的。他由此推论说:"在手表中存在的每一个加工的迹象,每一个设计的表现,在大自然的产物中也都存在着;并且,大自然的产物远胜手表,超出了一切人为的计算。"既然手表一定有一个创造它的手表匠,大自然也就应该有一个设计它的智能设计者,也就是上帝。

狮子

　　既然生物是由上帝创造的,那么通过仔细研究生物,特别是动物,就可以发现上帝的威力和智慧,而且也可以发现上帝的仁慈。每种动物的每个器官是如此巧妙地适应了它们的生活方式,这表明上帝非常关心他的创造物。例如,看看狮子的爪和牙,难道不是非常适合于捕捉猎物吗?然而,一个显而易见的问题是,对狮子的仁慈不是意味着对猎物的残忍吗?一个仁慈的上帝怎么会创造出以杀戮为生的动物?自然神学家辩解说,让那些老弱病残的猎物在狮子爪牙之下

动物竞争

迅速死亡,实际上减轻了它们的痛苦,因而是仁慈的。但是狮子显然并非只追杀老弱病残的猎物。因此自然神学家又发明了一种说法,杀戮是为了保持"自然的平衡",如果一个

物种的数量过多,就需要有捕食者来捕杀它们以保持自然系统的稳定。如果我们同意杀戮可以作为保持"自然的平衡"的一种仁慈方式的话,那么对寄生在人体身上的跳蚤、虱子、蛔虫等等,除了折磨人之外,实在想不出有何仁慈可言。自然神学家只好做了让步,承认有的东西是为了惩罚人类的原罪而设计出来的,这当然算不上什么仁慈。　英国哲学家戴维·休谟在死后出版的《关于自然宗教的对话》一书中,驳斥了"来自设计的论证",其中一个理由就是"用高级标准来衡量,这个世界是有缺陷、不完美的,是某个幼稚神灵的首次粗浅尝试,然后由于对其成果感到羞耻而抛弃了它",换句话说,我们无法用这个不完美的世界来证明万能上帝的存在。

地层

古希腊的哲学家都相信地球的历史是悠久的。但是基督教诞生之后,这种观点就被认为是异教。从《圣经》当中似乎可以推算出神创造世界的时间。在 17 世纪,英国大主教詹姆斯·乌瑟(James Ussher)据此推算出神创造世界是在 4004 年前。事实上,《圣经》对家谱的记载有的很含糊甚至自相矛盾,要推算出准确的日期是不可能的。不过,神创论者普遍相信世界只有几千年的历史,不超过一万年。历史这么短,认为化石是由于生物体经历了长期的历史过程而留下的

遗迹是不可能的,而只能认为它们是和生物体没有任何关系的自然形成的石头图像。到 17 世纪下半叶,几名博物学家,

推算出神创造世界的时间

包括尼古拉斯·斯蒂诺(Nicolaus Steno,1638～1686年)、罗伯特·胡克(Robert Hooke,1635～1703 年)、约翰·伍德瓦德(John Woodward,1665～1728 年)已先后令人信服地证明了化石必定是生物体的遗迹,那么如何解释遗留在山上的海洋生物化石,便成了难题。

岩层

18世纪，地质学家发现了两类岩石。一类是由于火山喷发出的熔岩和火山灰形成的火成岩，一类是泥沙在河里、海里沉淀后逐渐形成的沉积岩。火成岩是不分层的，也几乎不含化石，而沉积岩是分层的，每一层都含有独特的化石群。由于沉积岩是逐渐沉淀形成的，那么很显然，越往下的岩层，年代越久远，

威廉·史密斯

这样，通过比较岩层的顺序，就可以知道岩层及其化石群的相对年龄。到18世纪末、19世纪初，地质学家开始系统地研究岩层的矿物组成和化石群，其中最早的一位研究者是英国地质学家威廉·史密斯（weilianSmith，1769～1839年）。他在负责勘测运河期间，发现每一特定年代的地层都有独特的化石特征，因此可以反过来根据化石特征来鉴定地层。这样就可以把不同地方的地层分布联系起来了。例如在一个地方发现从上到下有 A，B，C，D，E 五个地层，在另一个地方发

现有 F,G,H,I,J 五个地层,但是比较其化石群特征,可以发现 D 和 F,E 和 G 的化石群是一样的,它们实际上是相同年代的地层,这样这两个地方的地层合起来就有了 A,B,C,D(F),E(G),H,I,J 七个地层,代表着地球的不同历史时期。把全世界不同地区的地层如此叠加起来,总厚度超过了 100 公里。尽管当时的地质学家没法测定地层的绝对年龄,但是他们知道,要形成这么厚的地层,必然经过了极其漫长的时间,因为泥沙的沉积速度是非常缓慢的。因此,《圣经》的记载肯定错了,地球有着比它所说的还要漫长得多的历史。

名句箴言

各种蠢事，在每天阅读书的影响下，仿佛在火上一样，渐渐溶化。

——雨果

从拉马克到华莱士

进化学说的先驱拉马克

在 18 世纪中叶至 19 世纪初叶的科学史上，曾有这样一位科学家，他将毕生的心血都献给了他所酷爱的生物科学研究。35 岁时，他就以三卷册的《法国植物志》巨著，轰动法国科学界，被誉为"法国的林奈"。而后又写出了《动物哲学》《无脊椎动物志》，详细阐述了他的生物进化学说，成为进化论的先驱者之一。但是，尽管他为人类的科学研究事业留下了宝贵的财富，而他却没有得到任何报酬，一生都在极度贫困中度过。到了晚年，境遇更是凄凉，因长期在显微镜下观察标本，以致双目失明，身边只有他唯一的亲人——他的女儿与他相依为命。他曾这样说过：研究自然，不仅"能给我们以真实的益处，同时还能给我们提供许多最温暖、最纯洁的乐趣，以补偿生命场中种种不能避免的苦恼"。他的一生正是依靠这种

"最纯洁的乐趣"来补偿生活中的种种不公正待遇的，他始终以自己能有一个终身的伴侣——科学而感到欣慰。这位在贫困和病残中执着地追求真理，具有献身科学的顽强意志的科学家是谁呢？他就是法国杰出的博物学家、进化论的先驱者之一——琪恩·巴蒂斯特·拉马克。

拉马克

1774 年 8 月 1 日，拉马克出生在法国北部巴赞庭省的索

姆村,作为最小的一个男孩,他受到了父母和兄姐们的宠爱。童年的时候,父亲就对他说:"孩子,我将来要送你去神学院读书,你要成为一名牧师,将来会过上安稳的日子。"果真几年后,父亲便把他送进了亚眠的教会学校学习神学,可是他对神学却一点也不感兴趣。

1760 年,拉马克的父亲去世了。正值法国与普鲁士发生战争时期,他的几个哥哥都去参加保卫祖国的战争。16 岁的拉马克便从学校跑出来,上了前线,投奔到驻扎在波若雷的拉斯梯上校,当上了投弹兵。他随军转战过荷兰、比利时,由于作战勇敢,多次立过战功,曾被晋升为中尉。后来,因负伤而退伍,回到了巴黎。这时,他已 20 岁了,但生活的道路他还没有确定下来。起初,他在巴黎一家银行当小职员,薪水很少,他付不起的房租,只得在拉丁区租用一间租费较低的屋顶阁楼栖身。

摩纳哥

拉马克对知识的渴求非常强烈。当兵期间,他到过摩纳哥,曾对当地一种罕见的植物发生了兴趣,进行过研究。回巴黎后,他写了一篇关于这种植物的专论,这是他第一篇植物学论文。

在银行供职期间,他又不断地研究气象,夜幕降临后,他爬到阁楼的顶上,整夜整夜仰头观看那神秘莫测的星空。节假日,他也不间断地观察多变的天气和飘浮不定的云朵。他按照云的形状以及变幻的次序加以分类,并进一步探究其变幻的原因与风向的关系等,根据长时间的观察,他写下了这方面的论述。现今气象学上的"卷云""层云""浓云""积云"等名词,便是拉马克创立的。

他对气象研究仅仅持续了一年,不久他又喜欢上小提琴,幻想成为一个音乐家。

卢梭

他的一位哥哥见他做事没有目的,很着急,便劝他说:"老弟,我看你还是进医学院学医吧!将来毕业了,即使无人聘用,也可自己开业,一辈子总少不了一碗饭吃,你看怎么样?""好吧!"拉马克勉强同意了,于是他以半工半读的形式进了巴黎高等医学院。植物学是医科必修课程,这门学问,重又触发了他当年在摩纳哥的兴致。于是他根据系统学习的植物学理论,经常到野外采集各种植物标本,还经常到法国皇家植物园里边散步边浏览。有一天,拉马克又来到皇家植物园的院内散步,结识了当时法国著名的哲学家、教育学家兼植物学家卢梭。卢梭很喜欢拉马克,1768 年,当拉马克结束医科学习后,卢梭介绍他进了自己所在的植物研究室,悉心指导他学习和研究生物科学。从此改变了拉马克的生活道路,他把全部的精力都投入到学习和研究生物科学上,以后再没有改变。

《法国植物志》是拉马克十年的心血,当 1778 年这部巨著出版后,科学界的权威们为之惊叹,称拉马克为"法国林奈"。第二年,在他 35 岁的时候,由他的另一位老师、法国著名博物学家布丰推荐,他被选为法国科学院会员、植物学院士,并担任了皇家植物园植物标本馆的管理员。而后,拉马克又以"皇家植物学家"的名义出国考察了两年。他走遍了德国、匈牙利、荷兰、奥地利,足迹踏遍了这些国家的崇山峻岭,采集到了大量的动植物和矿物标本,结识了不少科学家。这两年的考察对他以后的科学研究工作有着重要的影响。1782～1791 年,他编写出版了《植物学辞典》和《植物图鉴》,在这两部著作中,他描写了 2000 个属的植物,作了 900 幅植物图版。直到现在人们还在沿用这部《植物图鉴》上的插图,而这部《植物学辞典》也成为法国百科全书的一部分。

雅各宾派执政期间,革命政府十分重视科学事业。1793年6月14日,在拉马克的规划下,"皇家植物园"和"自然历史研究室"合并成"国立自然历史博物馆",后来成为今天巴黎的自然历史博物馆。

拉马克原计划在自然历史博物馆开设自然科学讲座,其中对低等动物的研究,长期以来很少有人涉及,竟找不出一个合适的人选。拉马克知难而进,毅然放弃了他曾经有过卓越贡献的植物学研究,而改行研究低等动物,那时他已年过半百。他从研究贝壳化石开始,在观察和研究大量动植物的同时,发挥了他非凡的理论思维能力,在无脊椎动物学研究上有了重大的发现。1801年5月10日,拉马克在自然历史博物馆主讲无脊椎动物学,第一次提出了生物是进化的观点,这是他在科学史上最大的贡献。他说:"我可以证明……动物的活动习性、生活方

拉马克

式以及环境影响,久而久之,构成了动物躯体以及躯体各部分的类型。新的类型产生着新的能力,自然界便逐渐成为我们现在所看到的状态。"这些进化观点,以后写进了他的《动

物哲学》这部不朽的名著中。1809年此书正式出版。

《动物哲学》之后,拉马克投身编写《无脊椎动物志》。正当他全神贯注地进行这个伟大研究的时候,不幸双目失明了。他知道这是长期贫病交加和经常用显微镜研究低等动物的纤小构造,用目过度造成的。75岁高龄的拉马克完全可以停止他的研究工作,更何况他的进化学说违背了宗教的教义,学术界占统治地位的物种不变的思想、反动政权和教会不断对他进行人身攻击。学术界的保守势力,也极力否定或贬低他的研究成果。但是这一切都不能动摇他追求真理、献身科学的坚强意志,他坚信他的进化理论总有一天会被人理解。

贫病交加拉马克坐在椅子上,显得非常安详,他向自己的女儿口述他那超越时代的生物学思想。他的女儿一字不漏地记录着。到1822年,在女儿的帮助下,拉马克终于完成了他的最后杰作——七卷册的《无脊椎动物志》的最后部分。

1829年12月8日,享年85岁。他死后没留下分文遗产,女儿买不起坟地,只好租了一块地安葬他,租期5年。到期后,这位伟大学者的遗骨被挖掘出来,后人再没有找到他的坟墓。然而他对科学的贡献是伟大的,世界人民为了纪念这位进化论先驱,自愿募捐在巴黎植物园建立了一座拉马克铜像。

进化论的"骑士"华莱士

1823 年 1 月 8 日阿尔弗莱德·华莱士生在英国威尔士蒙默斯郡乌斯克。他小达尔文 14 岁，家境比较贫寒，中学毕业后曾从事土地测量和建筑工作，跟随做测量员的哥哥当徒工。这使他到过不少地方，从而萌生了对大自然的兴趣。他买了些植物学的教科书，坚持自学。他在科学上的伟大成就就从这里开始了。华莱士没有进过大学，完全是靠自学成为生物学家的。

华莱士

华莱士曾经在亚马孙河和内格罗河进行科学考察

1844 年,他在莱斯特一所专科学校任教。在此期间,他广泛阅读了自然科学方面的资料,不断采集昆虫标本,掌握了生物学的进展情况,后来还结识了昆虫学家贝茨。1848 年 4 月,华莱士伴随贝茨去南美洲亚马孙河和内格罗河流域,进行科学考察,研究热带地区的自然史。在为时 4 年的野外考察期间,华莱士依靠出卖沿途搜集的标本,维持探险费用。风餐露宿,历尽艰辛,搜集了大量资料。原来他指望将标本资料运回欧洲,再仔细加以研究,可不幸的是船沉了。

华莱士悲痛万分，千辛万苦搜集的资料瞬间消失了，但是他并没有灰心。1854年，华莱士又开始去东亚地区的马来群岛，进行第二次长期

马来群岛

科学考察。在马来群岛的考察中，他采集动植物标本，考察火山、浅海和岛屿的成因，以及它们彼此之间的关系。华莱士在潜心阅读自然界这部大书的过程中，开始悟出了生物进化的某些脉络。1855年2月，他在婆罗洲北部的沙捞越，写成了"制约新种出现的规律"这篇论文，揭示出许多物种之间的内在联系。论文中用大量事实说明物种灭绝、产生、更替和进化的自然规律，具有进化论思想的萌芽。这是他发表的明确讨论关于生物进化论的第一篇论文，也是华莱士在达尔文之前对进化理论所做出的重大贡献。可惜，这篇包含真理内核的论文，当时没有引起科学界的注意。

生存竞争，适者生存

华莱士在马来群岛加紧考察。为了研究物种的变化规律，他在岛上奔走了25000多公里，收集到大约127000件标本。华莱士付出了常人难以做到的辛劳。一次，华莱士在环境恶劣、条件异常艰苦的德那第岛考察，由于积劳成疾，不幸患上了间歇热病，卧床不起。华莱士在病床上继续分析研究标本资料，创造性地提出了"适者生存"的学说。他明晰地概括出"生存竞争"的基本思想。几天后，华莱士大病初愈，就赶写论文。论文写成后，他又犹豫了，于是他决定写信向达尔文征求一下意见。

华莱士是在不列颠博物馆参观动植物标本时认识达尔文的，达尔文那缜密的思想逻辑和丰富的博物学知识，给年轻的华莱士留下了深刻的印象。从那之后,他们经常保持学术上的联系。华莱士封好信件后,焦急地盼望来自东印度的航船。因为只有通过印度驶往欧洲的邮船,才能把论文邮寄给达尔文。华莱士关于生物进化论思想的论文,完稿于1858年2月。它带着华莱士急盼回音的心情,飞往欧洲⋯⋯

达尔文到1858年6月18日才接到了华莱士寄来的论文。看了华莱士的论文后,达尔文感到十分震惊。原来,达尔文秘密研究进化论已经有20年之久,但是直到1854年他才着手整理那些堆积如山的标本资料,有条不紊地开始他的著述,正当工作进行到大约一半时,他意外地接到了华莱士的来信和论文。达尔文发现,这个在热爱工作、默默无闻的年轻人,关于物种进化的观点同自己的观点不谋而合,而且已经跑在自己的前面,写成了"表达非常清楚"的论文。华莱士精湛的研究工作,几乎使达尔文放弃自己呕心沥血十几年的工作。在生物进化论发现的优先权问题上,达尔文体现了他的高风亮节,他准备让马来群岛的华莱士享有。然而,仅仅为了谁是生物进化论的第一发现者而放弃自己热爱的工作,达尔文又有些不甘心,他陷入苦闷的状态。达尔文的朋友、著名的科学家赖尔、胡克,深知他的苦衷,他们站出来公正地调解了这件事。1858年7月1日,由达尔文和华莱士共同署名的生物进化论的首篇论文,在伦敦林奈学会大会上宣读,并于同年8月20日发表于《林奈学会会报》第3卷第9期上。从此，生物进化论正式公之于众了。

华莱士与达尔文共享了生物进化论的发现权，这是他热爱工作，辛勤努力的结果。华莱士的来信和论文还像催化剂一样，加快了达尔文的研究进程。在这以后，达尔文进行了13个月零10天的紧张工作，终于出版了著名的《物种起源》一书，奠定了进化论坚实的理论基础。

华莱士提出"达尔文主义"这一概念，帮助达尔文宣讲和普及《物种起源》，称自己是一个"达尔文主义者"。当时，达尔文非常感慨地对华莱士说："您是我从未见过的、使自己受到这样大的委屈而又从不要求公正对待的人。""只有在认识自然界中发现了真理才是更重要的。"华莱士谦逊地回答说。

永无止境地探索尚无人知晓的客观世界的奥秘，这是一个真正的科学家生活的全部意义。华莱士后来仍继续单独研究进化论中的各种问题，并积极支持达尔文的科学研究。在马来群岛的8年科学考察中，除了生物进化论外，在地质学、地理学、动物学、人种学和其他学科方面，都有过不少重要的发现。1869年，华莱士研究成果汇集成《马来群岛》一书出版。这部著作曾多次再版，并被译成各种文字，为华莱士在世界范围内赢得了巨大的声誉，甚至在某种程度上，超过了生物进化论。

华莱士回到英国以后，发表了许多具有独创性、论据充分的支持进化理论的论文和著作，如1870年出版的《自然选择理论》、1876 年出版的《动物地理分布》、1880 年出版的《岛屿上的生物》等。1889 年,华莱士还专门写了《达尔文主义》一书。华莱士一生著有几十部著作,撰写了大约 400 篇论文,为自然科学发展做出了重大贡献。他一生中获得过许多荣誉,如英国皇家学会奖章、地理学会金质奖章、英国皇家学会达尔文奖章和伦敦林奈学会金质奖章……1893 年,他被选入英国皇家学会。1913 年 11 月 7 日,华莱上死于英国多塞特郡布劳德斯顿,享年 90 岁。

　　达尔文和华莱士共同创立的生物进化论,彻底推翻了那种把动植物看作是彼此毫无联系的、偶然的、神造的、不变的东西的唯心主义观点,第一次把生物学建立在完全科学的基础上,推动了整个自然科学和哲学的发展。

好的书籍是最贵重的珍宝。

——别林斯基

名句箴言

『贝格尔』号之航

随"贝格尔"号军舰航行的几年里，改变了达尔文的人生，也改变了生物学。达尔文在《物种起源》的开头如此写道："当我作为一名博物学家随'贝格尔'号航行的时候，有关南美洲栖息生物的分布以及那块大陆上现存和过去的栖息生物的地质关系的某些事实，给我留下了深刻的印象。在我看来，这些事实多少能够用于阐明物种的起源——这个我们最伟大的哲学家之一所说的神秘中的神秘。"

究竟是什么让达尔文敢于怀疑物种不变观念,创立生物进化论呢?达尔文晚年在自传中说,有三件事实给他留下了深刻印象:一是在南美大草原发现大型动物化石有犰狳一样的盔甲;二是从美洲大陆南行,邻近动物物种相互取代的方式;三是加拉帕戈斯群岛上的生物群多数有着南美生物的特征,特别是每个岛上的生物群相互之间略有差异的

"贝格尔"号船长罗伯特·菲茨罗伊

情形。"很明显,只有假定物种是逐渐改变的,才能解释类似这样的事实,以及其他许多事实。"

"贝格尔"号在南美海域航行了三年多,其间达尔文多次上岸做地质考察。他在岸边挖到了一些树懒、犰狳和美洲鸵的化石。这几种动物在当地都还生存着,但是比化石小多了。显然这些化石代表的是已灭绝的物种。达尔文仔

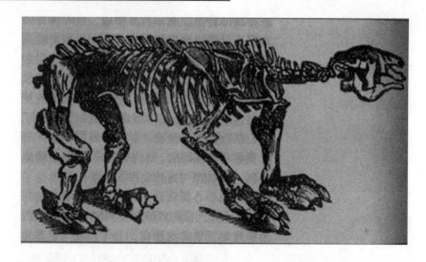

达尔文发表的重新组合的陆上树懒骨骼草图

细地探测了发现化石的地层和周围环境,判断这些化石的年代并不久远,而且没有发生过大洪水的任何迹象,也没有发生过其他灾难的迹象。这些生物的灭绝不像是灾变引起的,那么这些生物为什么会灭绝?它们与现代树懒、犰狳和美洲鸵是否有亲缘关系,都是从同一祖先分支演变来的?

达尔文对他所观察到的生物地理分布现象感到更加疑惑。自然神学认为上帝为每一个地区设计了适应那里的生存环境的物种。但是这个简单的解释难以说明复杂的生物地理分布现象。达尔文注意到,在南美海岸,动物群和植物群的变化极为明显。比如从阿根廷的布宜诺斯艾利斯到圣菲,纬度仅仅变了3°,物种却变了很多。达尔文在很短时间内,就观察到有六种鸟是从前在布宜诺斯艾利斯没见过的,这两个地方这么靠近,地理环境又那么相似,上帝造物时会

美洲鸵

给每一个地方各造出那么多不同的物种？美洲鸵鸟特别让 达尔文感兴趣，这种无翅鸟和非洲鸵鸟一样，都适于在开阔的草原上过类似的生活，然而它们的形态又非常不同。上帝为什么不为有着相同的生活条件的所有地区制造同一物种，却要让南美和非洲有不同的生物群呢？在南美巴塔哥尼亚大草原旅行时，达尔文起初只注意到普通美洲鸵。往南旅行了一段距离之后，达尔文的伙伴抓了一头美洲鸵来吃，达尔文才注意到那是一个新物种，与前面见到的普通美洲鸵不同。为什么在北边草原上生活的是普通美洲鸵，到南边草原却变成了新种美洲鸵？二者的地盘并无明确的界限，在中间地带同时生活着两个

美洲鸵

物种。如果是因为南北方环境的差异,上帝为南北方各创造了一种美洲鸵的话,又如何解释它们在中间地带相互竞争的事实呢?

厄瓜多尔以西的加拉帕戈斯群岛上的生物

达尔文对加拉帕戈斯群岛上的生物群有很深的印象。加拉帕戈斯群岛在厄瓜多尔以西约 1000 公里处,由 16 个或大或小的火山岛组成,岛与岛之间的距离往往只有几公里。我们现在知道,这个群岛形成于大约 400 万年前,从来未跟南美大陆连在一起。1835 年 9～10 月,达尔文在岛上观察了五个星期。那里的动植物虽然总体上跟南美大陆的相似,但又有着明显的、与大陆动植物不同的特征,例如,那里没有吃虫的莺和啄木鸟,却有多种鸣雀有吃虫的习性,而这类雀在其他地方是以吃种子为生的。而且,这个群岛的一些岛上,也有自己的特有种,其形态与其他岛上的特有种既相似又不同。达尔文写道:"有几个岛拥有属于自己的龟、效舌鸫、鸣雀和众多植物的物种,这些物种有相同的一般习性,占据类似的地势,并明显是填补了这个群岛的自然体系中的相同位置,正是这种情形使我感到惊奇。"这些物种中最引人注目的是那些巨龟("加拉帕戈斯"的在西班牙语的意思就是龟)。它们成群结队地在岛上的沙滩上漫游,总共有14种或亚种,而且岛与岛之间的巨龟的形态——特

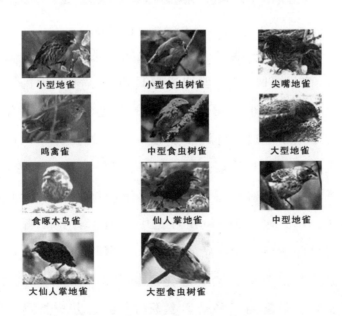

加拉帕戈斯群岛上的山雀

加拉帕戈斯群岛上的巨龟

别是龟壳——差别非常大,以至于岛上的副总督向达尔文吹牛说,他只要瞄一眼,就知道哪只龟是哪个岛上的。为什么上帝要在这小小的角落显耀他的创造才能,他真有必要专门为这里创造出这许许多多独一无二的物种吗?达尔文忙于做地质考察和采集标本,没有时间仔细思考上述问题。

离开加拉帕格斯群岛后,他开始细细回味在岛上的所见所闻。1836 年 7 月,他在日记中记载下:"这个群岛的动物学值得仔细研究,因为它可能会推翻物种恒定的观念。"群岛上的效舌鸫对达尔文进化思想和形成起了重要作用。他在群岛上采集到三种效舌鸫标本,看上去与美洲大陆的效舌鸫很相似,当时他以为是由大陆的效舌鸫演变来的三个变种。1837 年 3 月他回到英国后,把标本交给著名鸟类学家约翰·古尔德鉴定,古尔德告诉他那不是三个变种,而是三种不同的物种。他恍然大悟,明白了地理隔离能够产生新物种:美洲大陆的效舌鹟在偶然(例如,被风吹裹)到达加拉帕格斯群岛之后,其后代以不同的方式适应新的环境,不是演变成了三个变种,而是变成了三个新的物种,物种是可变的! 这显然要比认为上帝无缘无故地分别给不同的岛屿创造了不同的物种要合理得多。他进而开始创建共同祖先学说:如果群岛上的三个效舌鹟物种都源自一个共同祖先——美洲大陆的效舌鹟,那么也可以联想到,所有美洲大陆的效舌鹟物种也都源自一个共同祖先,以此类推,所有的属、科、目、纲……所有的生物,都源自共同祖先。

名句箴言

书是我们时代的生命。

——别林斯基

共同祖先学说

达尔文《物种起源》的结束语是这样写的："这种观点是宏伟壮丽的：生命及其若干威力最初被赋予几种或一种类型；而且，在这颗行星依据引力的既定定律运行之时，从如此简单的一个开端，最美丽和最奇妙的无穷无尽的类型已经和正在进化。"

地球上所有生命都是由共同祖先

进化而来的,这一观点使人们在系统分类学、生物地理学、比较解剖学、比较胚胎学、古生物学等领域所发现的令人迷惑的种种现象有了合理的解释。在达尔文之前,这些学科基本上是描述性的,是达尔文一举把它们变成了因果科学,将它们统一起来,牢固地建立在进化论之上。

系统分类学

早在林奈时,分类学家就想建立一个能够反映出造物主的原始计划的"自然系统",而达尔文认为,一个自然系统应该反映的是生物之间的进化关系,不同生物的异同,都可以由它们的进化关系的远近而得到解释。人们也曾经产生过疑问:为什么一个自然系统\会以等级结构的形式出现?而用共同祖先学说来解释,这种形式就是再自然不过的了,一个属的所有物种都有同一个最亲近的共同祖先(所有的猫属动物都是从同一祖先进化来的),一个科的所有物种也是如此(所有的猫科动物都是从同一祖先进化来的),以

林奈

此逐级类推（所有的肉食目动物、哺乳纲动物、脊索动物门动物、动物都分别有共同祖先），直至所有的生物都有同一个共同祖先。具有共同祖先，是一个分类等级中的所有成员为何彼此相似的原因。

生物地理学

早就发现不同地区的动植物群分布有不同的特点，把它们进行比较后，出现了一些令人产生疑问的地方：为什么有些地理、气候条件非常相似的地区，却生活着不同的动植物群呢？而有些地理、气候条件很不同的地区却又生活着相似的动植物群？为什么海岛生物在总体上与其邻近大陆的生物很相似，然而又有独特的物种？达尔文进行思想很大程度也是源于他对生物地理分布现象进行的思考。动植物现在的分布格局，只有用它们的进化史——从其原先的起源地点向四周扩散、进化的历史——才能得到合理的解释。具有相似的动植物群的地区通常在地理上是或曾经是联系在一起的，而像海洋、山脉、荒漠这样的地理障碍会使生物群体相互隔绝，出现较大的差异。那些有能力越过地理障碍的迁移者，通常会成为一个新型群体的祖先。这一点，在海岛上表现得非常突出，岛上的动植物都是偶然从大

漫画：达尔文和他的鸣雀

陆迁到了岛上，又因为适应岛上的环境而发生了各种各样
的变化，产生了特有物种。最著名的是达尔文研究过的加
拉帕格斯群岛上的鸣雀，后来被称为达尔文鸣雀。达尔文
鸣雀在南美大陆也有，但只有一种，而加拉帕戈斯群岛上多
达 5 属 13 种。达尔文正确地推断，在很早以前有一群大陆
鸣雀偶然（例如被飓风吹裹）迁移到岛上（现在我们通过比

加拉帕戈斯群岛上形态各异的鸟

较蛋白质序列,可以推测这发生于大约 100 万年前),一个新的地理环境占据不同的生态空间,进化出多种不同的物种(称为"适应性辐射"),有了在别的地方只有其他鸟类才有的新习性:有的像啄木鸟一样啄木吃虫,有的以巨龟、鬣蜥甲上的寄生虫为生,有的则吸海鸟的血……其形态也出现了相应的变化。不仅是海岛,大陆也能出现这种"适应性辐射"。例如澳洲大陆在与其他大陆隔绝之后,真兽类哺乳动物没能迁移过去,而其原有的有袋类哺乳动物则进化成了有多种多样的形态和习性的物种。

比较解剖学

亚里士多德早就试图对不同种类的动物形态进行比较,找出其相似之处。例如,他认为鸟在某种程度上类似于鱼,鸟的身体上端有一对翅膀,鱼的身体前端有一对鳍;鸟的身体下端有一双脚,而大多数鱼也有第二对鳍在后端。16 世纪,皮埃尔·贝龙(Pierre Belong,1518~1564 年)发现人和鸟虽然外表一点也不同,骨骼组成和排列却很相似,绘

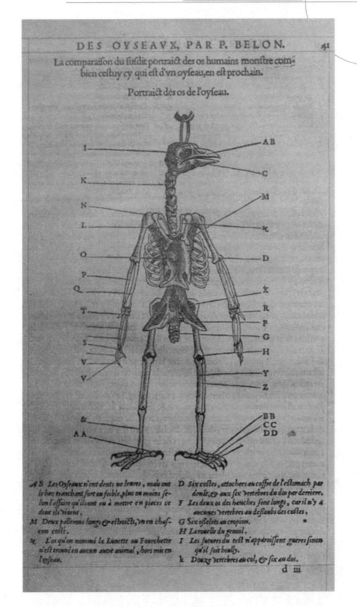

人鸟比较图

制了一幅著名的比较图。到了 19 世纪,比较解剖学这门研究不同生物种类的形态结构的学科已十分发达,各生物种类内部结构的一致性也越来越明显。英国解剖学家理查德·欧文(Richard Owen,1804~1892 年)在 19 世纪 40 年代,把这样的结构称为"同源",将它们定义为"在不同的动物中,具有不同的形态和功能的相同器官"。其中最著名的例子是四足脊椎动物的四肢都有五趾。有的从外表看不出来有五趾,比如鸟、蝙蝠的翅膀,或鲸鳍,但将它们解剖,就可分辨出五个趾骨。有的在成体阶段少于五趾,比如马蹄,但是在其胚胎阶段仍有五趾。达尔文曾经感叹道:"用于抓握的人手,用于挖掘的鼹鼠前肢,马腿,海豚的鳍足,都用相同的模式构建,都包括相似的骨头并位于相同的相对位置上,还有什么比这更奇怪的呢?"如果这些器官是被分别创造出来的,造物主根本没必要让有不同功能和不同外形的器官有着相似的构造,因为这样的构造设计,就其功能和外形而言,有时显得不是那么合理,所以才让人觉得奇怪。但是如果用共同祖先学说来解释,就顺理成章了:所有的四足脊椎动物都来自同一个祖先,该祖先碰巧有五趾。在进化过程中,四足脊椎动物为适应不同的环境,在五趾的框架上做了改造,具有了不同的功能。

人们通过比较解剖学认识到许多生物体都有一些退化了的器官,不具有完整的功能,或完全没有功能。为什么上帝要创造出这些显然无用的构造呢？唯一合理的解释是，它们不是创造出来的，而是进化来的，这些构造原先在祖先中有完整的功能，在进化过程中由于环境、习性的改变，而逐渐退化了。

胚胎学

18世纪时，有些动物学家就已经发现，在动物胚胎发育的过程中，会经过一系列与较低等的动物很相似的时期。事实上，爬行类、鸟类和哺乳类在胚胎发育的早期都跟鱼类相似，例如出现腮裂，心脏只有两腔。而且在有些时期，它们的胚胎几乎不可能区别开来，原因就是在以前，这被认为是自然界阶梯的体现，高等动物的胚胎在发育过程中，逐步攀登自然界阶梯，经过类似低等动物的阶段而走向完美。19世纪初期，自然界阶梯的观念已经难以被人接受，德国胚胎学家冯·贝尔，提出了胚胎发育的"定律"，认为胚胎发育是一个从简单到复杂，从同质到异质，从普遍到特殊的过程。在胚胎发育的早期，各种生物胚胎都比较简单、同质，所以才出现了相似的形态。但是这种说法是不能解释胚胎发育过程中重演现象的原因的，例如，为什么爬行类、鸟类和哺乳类的胚胎会出现鳃裂？鳃裂并不比四足脊椎动物的颈部结构更同质或普遍。那么为什么须鲸的胚胎有牙齿？

为什么高等脊椎动物的胚胎有脊索？达尔文在《物种起源》中最早指出，唯一合理的解释，就是这些奇怪的形态是它们的祖先的遗产："胚胎结构相同透露了祖先相同。"此后不久，德国动物学家海格尔提出了生物重演律，声称个体发育是种系发生的重演，反映了简化和压缩了的进化过程，通过研究胚胎发育，就能够弄清楚动物的进化过程。这是极为简单化和极端的主张，因为胚胎发育重演的只是祖先的某个特定构造，并不重演祖先的整体形态。

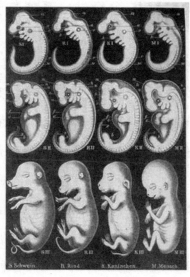

海格尔对胚胎研究的比较图

古生物学

地壳的岩层是分层分布的,下面是古老的岩层,上面则相对年轻,而且每一个岩层的化石群都有自己的特点。岩层中的化石越古老,与现存生物的形态差异就越大,而两个连续岩层中的化石彼此之间的相似程度,要比相距较远的岩层中的要接近得多。达尔文指出:"如果早期的生物群逐渐进化成了晚期的生物群,那么这种化石分布模式,正是我们预料会出现的。越古老的岩层,其化石的结构越简单,那些最简单的生物,要比更复杂的生物更早出现,而最复杂的生物,则最晚出现。这样的现象也与进化论的预测完全相符:复杂的生物是由简单的生物进化来的。但是,如果生物是进化来的话,那么我们也应该预料会发现从古老形态逐渐演变成晚近形态的连续化石记录。然而,古生物学家却发现化石记录到处都是断层、鸿沟,是非常不连续的。在《物种起源》发表的时候,还找不到一具直接证明生物进化的所谓过渡型化石。"

化石记录不能反映出生物是逐渐变化的,对此达尔文解释说,这是由于化石记录极为不完全。化石是偶然形成的。在正常情况下,动植物的尸体将被肉食性、腐食性动物吃掉,残存的部分将逐渐被微生物分解,最终完全消失。只有在罕见的情况下,在死亡后尸体很快被埋葬起来,才避免了被彻底分解的结局,逐渐地变成了化石。发现化石的可能性就更低了,绝大多数化石都深埋在地层之中或海底岩层中而没有出土之日,有的虽然出土了,但在人们发现之前已被侵蚀、破坏,只有一小部分的化石才能落到我们的手里。幸运的是,在《物种起源》发表后不久,人们就找到可用于支持达尔文学说的化石。1861年,在德国出土了始祖鸟化石,它既有爬行类的特征(有牙齿和长着21块椎骨的尾巴),又有鸟类的特征(叉骨和带羽毛的翅膀),很显然是从爬行类到鸟类的过渡型。在此之

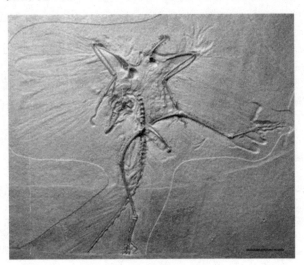

始祖鸟化石

前进化论者已认为鸟类是从爬行类进化而来的,始祖鸟化石证实了这个说法。在《物种起源》发表后的第二年,欧文描述了一具始祖马化石,它像狐狸那般大小,前足有四趾,后足有三趾头。此后不久,又有三种类似马的化石在北美

洲和欧洲出土。1874 年,美国古生物学家奥斯尼尔·马许把这些马的化石综合起来,首次显示了一种现代脊椎动物(马)是如何通过一系列的过渡型进化而来的。

共同祖先学说非常简单,一提出来,很快就被生物学家们所普遍接受。在《物种起源》发表之后的 15 年间,几乎所有的生物学家都成了进化论者,都相信共同祖先学说。确定生物之间的亲缘关系和它们的进化史,在很长一段时间内都是热门的研究课题,现在更成了常规工作。但是生物又是通过什么样的机制,从共同祖先进化而来呢?为此达尔文又提出了另一重要学说——自然选择学说。

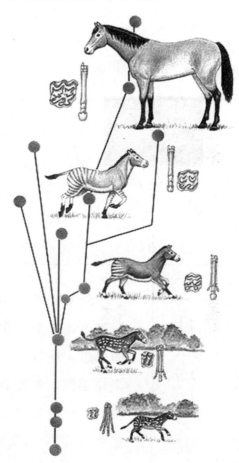

马的进化

名句箴言

理想的书籍是智慧的钥匙。

——托尔斯泰

自然选择学说

达尔文完成"贝格尔"号航行后不久，他就在头脑中已经有了生物进化的思想。1837 年 7 月，他已创建了共同祖先学说。虽然此后他仍继续在为共同祖先学说收集证据，但是对"生物是进化的"这个事实的正确性就再也没有怀疑过。令他疑惑不解的是"生物是如何进化的"这个问题。他在 1838 年 9

月 28 日这一天,有了突破。他在自传中写道:"在我已开始从事有系统的探讨 15 个月后,我碰巧为了消遣阅读了马尔萨斯的《人口论》,而通过长期持续地观察动植物习性,我已为认识到无处不在的生存斗争做好了准备,不由恍然大悟,在这些条件下,优势的变异将倾向于被保留,而劣势的变异将会被消灭。其结果将会是形成新的物种。这样,我由此终于有了一个可用于研究的理论了。"

达尔文后来称其为自己选择。达尔文本人一直把这个学说的创建归因于阅读马尔萨斯《人口论》进获得的灵感,这显然是过于谦逊和简单化的。达尔文说过,启发他的并非《人口论》全书,而仅仅是书中的一句话,即"可以很安全地宣布,人口在不受控制时,将每 25 年翻一番,或者说以几何速率增长。"也就是所谓马尔萨斯

马尔萨斯

原理。生物过剩的繁殖力这一事实，在达尔文所熟悉的佩利、赖尔等人的著作中也都提到了，是一个众所周知的事实，那么为什么此前没有人由此受到启发提出自然选择学说呢？由生物过剩的繁殖力很容易联想到生存竞争，但是由生存竞争联想到自然选择却困难得多，后一联想，完全是达尔文在那 15 个月内的研究所引起的观念变化和思想准备导致的，与《人口论》毫无关系。自然选择并不是一个简单明了的观念。在《物种起源》第四章的结尾，达尔文用两个长句子对这个学说做了总结："如果在漫长的岁月中和多变的生活条件下，有机体在它们的构造的一些部位存在变异的话，而我认为这是无可争议的；如果由于每一物种的高度的几何级数的增长，在某个时期、季节或年代，存在严重的生存斗争，而这肯定是无可争议的；那么，考虑到所有有机体彼此之间和它们与生存条件之间的关系的无限复杂性，导致的在结构、组成和习性方面的无限多样性，和对他们所具有的优势，如果从来没有出现对每一个体的利益有用的变异，就像已出现如此多的对人类有用的变异一样，我想这会是最极端反常的事情。但是，如果对任一个体有用的变异的确发生了，具有这样特征的个体肯定将会有更好的机会在生存斗争中获得保存；而根据强大的遗传法则，他们将倾向于产生有相似特征的后代。为了简单起见，我将这个保存原则称为自然选择。"

这个总结也揭示了达尔文进化思想的推导过程。我们可以对自然选择的推导过程做一番整理。自然选择学说是由四个事实、两个推论得出来的。事实一:生活资源有限;事实二:生物繁殖力过剩;推论一:生物后代的绝大部分必须灭亡(生存斗争);事实三:生物后代之间存在可遗传的变异;事实四:不同的变异可以有不同的生存能力和繁殖能力;推论二:在生存斗争中,劣势的变异将逐渐被淘汰,优势的变异获得生存并留下后代(自然选择)。

事实一和事实二很明显,马尔萨斯也曾强调过,因此这第一个推论,可以归功于从《人口论》中受到灵感。事实三和事实四的获得,如达尔文所说,来自于他"长期持续地观察动植物习性",特别是对动植物培育——他后来称之为"人工选择"——的研究。但是要能够归纳出这两条事实,却首先要有两个观念上的突破:

1. 由本质论思维变为"群体思维"。传统的本质论认为,每个物种都有一个不变的本质,只有本质才是真实的、重要的,而个体的变异是可忽略的、不重要的。群体思维恰恰相反,认为本质只是一种抽象,是个体性状的平均,个体的变异才是真实和重要的。这种注重群体(由形形色色的个体所组成)的思维方式,是达尔文首创的,尽管他并没有意识到。

2. 由"软式遗传"观念变为"硬式遗传"观念。在达尔文之前,人们普遍相信后天获得性能够遗传,认为遗传物质是"软"的,很容易随环境的作用、后天的使用情况而改变。这种遗传观念是和自然选择观念相矛盾的,因为生物体总是能够直接通过改变性状以适应变化的环境,而不会被淘汰,而优良的性状也不会不变地遗传下去。达尔文虽然没有完全否认后天获得性能够遗传,但是他特别强调可遗传的先天变异,这构成了选择的基础。

在达尔文之前,有些学者提出了某些看上去很像自然选择的观点,经常被人视为达尔文的先驱者,但是事实上他们的观点与自然选择根本没有关系,或者只涉及自然选择的某个方面。例如,古希腊哲学家恩培多克勒(约公元前492～前432年)曾被有些人当成是早期进化论者。恩培多克勒认为所有生物都是从土地上自然生出来的。动物最初生出的是身体的各个部分,没有躯干的头和四肢,没有口或眼的头等等,它们散布四方,出现了各种形状的动物,不能形成完整躯体的就灭亡,能形成完整躯体的就生存、保留了下来。把这种稀奇古怪的幻想当成进化论或适者生存的自然选择是很不恰当的,不同身体部位的结合并不是一个进化过程,躯体的完整与否也不属于对环境的适应。

有些人认为布丰也曾提出过自然选择学说。他解释物种的灭绝时说过:"所有不完美地组织起来的身体和所有有缺陷的物种,都将会消失,只有最有力量和最完整的形态才会保留下来，就像今天所见到的，不管是植物还是动物，都是这样。"类似的"淘汰"学说还有其他人提到过。这只是提及了淘汰不良形态、保留最佳形态的稳定性选择，而完全没有涉及自然选择学说中最关键的部分：对优良性状的选择将会产生新的形态、新的物种。

布丰于 1749 年间发表了一套 36 册《大自然的故事》

19 世纪早期，有两个英国人也曾经论述过自然选择的观点。一位是医生威廉·威尔士，他去世后才发表的一篇讨论人类肤色的变异的论文在补遗中提到过自然选择。另一位是博物学家帕特利克·马修，他在 1831 年出版的书籍《海军用木和树木栽培》的附录中也阐述过自然选择观点。但是他们都只用自然选择原理来解释物种内部的变化，而且只是做了推测，没有提供足够的证据来支持其观点。他们对这个原理的重要性也毫无认识，只是在偏僻出版物的补遗、附录中顺笔提到，很少有人知道，对科学研究根本没有产生影响。达尔文留下的笔记表明，他在《物种起源》发表之前，对这两人的工作一无所知。在《物种起源》发表后，马修才宣布他拥有优先权，但是他承认他只是把自然选择当成一个不证自明的、凭直觉获得的事实，从来没有想过要像达尔文那样去推导、证明它。

进化论的提出是有着科学依据的，但就其自身而言，可能还存在着某些不足，下面是一些学者对进化论的剖析。达尔文的进化论最初是作为一种假说被提出来的。除达尔文本人从对一些植物、动物形态的观察得出的推论外，没有确凿化石证据。达尔文在《物种起源》书中谈到化石时，标题为"不完美的地质记录"。他承认在当时的化石研究中没有证据显示有物种间过渡类型的存在，并指出这可能是最易于检验而又具有杀伤力的反进化论的理由。他看到了进化论的先天缺陷，并希望后人能予以验证。但是直到今天，进化论已成为人们普遍相信的真理。在当今任何一本生物学杂志上，已经找不到任何质疑进化论的论文了。斯考特和柯勒在 20 世纪 80 年代初，检索了当时的 4000 多种学术刊物，未发现任何一篇反进化论的论文，在 68 种与生物起源有关的学术期刊中，也未发现任何一篇是质疑进化论的。有人在 1997 年调查了世界上最大的五种期刊数据索引，也未发现反进化论或非进化论的论文。进化论者自豪地宣称，进化论对神创论已取得了决定性的胜利。似乎进化论的合

理性及不言自明性又得到了一次证明。

进化论并非绝对真理，斯考特和柯勒的工作还发现，在 1985 年提交的 135000 篇论文中，确有 18 篇论文是反进化论的和非进化论的。而这 18 篇论文无一例外地遭到拒绝发表。进化论并非完美无缺，而是它的维护者不允许任何针对它的挑战。这更加给人一种印象：进化论并不是确立于自身学说的科学性和完美程度，而是确立于众多崇拜者的信仰。进化论并非卡尔意义上的"经验科学"，而是一个假说，信仰和并不完美的证据的杂合体。

在科技迅猛发展的今天，我们科学研究所发现的东西，已经足以让人们重新考虑进化论的正确性了。但这些事实要么被回避，要么被抹杀，人们在思维定式的驱使下，自觉或不自觉地成为盛行理论的卫道士，而丧失了独立思考的能力。这是不符合理性的科学精神的。一个真正的科学家，应正视旧理论的缺陷及其面临的挑战，并勇于摆脱束缚。只有这样，科学才能向前发展，人类才能向前推动。

达尔文主义自身的缺陷

从比较解剖学方面来看，进化论者通过动物的器官在形态和功能方面的类比，定了所谓的同源器官，并由此说明在进化树中某一谱系的动物该器官在进化中发生的形态与功能的变化是自然选择的结果。首先，同源器官的定义就非常牵强，你必须首先承认动物是进化的，才能找到同源器官。因此这绝不能算作进化论中的一个证据，而只能是一个推论。即我们只能说因为进化论正确，所以进化树中某一谱系中的动物存在同源器官，而不能说同源器官的存在证明进化的存在。现代基因学和遗传学诞生后，对生物体形态与功能的关系在更

进化论示意图

本质的层次——基因及分子水平有了崭新的认识。形态和功能只是表相，它们是由基因决定的，相同的形态可能对应于完全不同的基因。如果认为从鸟类的翅到哺乳动物的前肢是进化的话，那么它们的基因也应表现为对应于形态相同程度的进化。但实际上并非如此，如果现在仍有人试图从表面现象说明问题，只能被认为是肤浅的。

从古生物学角度来看，达尔文主义自身的缺陷还存在以下几个方面：

1. 凌乱的化石证据

无论是进化论者还是反进化论者，都希望古生物化石能辅证自己的观点。如果说达尔文时代缺少化石记录的话，那么到今天为止，人类已收集了数以万吨记的化石，是否已证明进化论的正确了呢？事实上依然不能。芝加哥的菲尔德自然历史博物馆的一位古生物学家本是进化论者，但后来不得不放弃自然选择学说，而支持幸运者生存说。他说该馆拥有现有已知化石物种的近1/5，可是已经确证的中间过渡类型的化石比达尔文时代还少。现有化石记录混乱不堪，人为按进化论组成的谱系漏洞百出，根本不能说明问题。进化论者们所使用的分类方法及标准又不同，因此对某一化石的断代也经常争论不休，得不到一个统一的结论。

爬行类　鱼类　鸟类　哺乳动物类

动物们

进化论者常用的一个较为完备的进化谱系证据是脊椎动物序，包括从鱼类到两栖类，爬行类，鸟类，哺乳动物，直至人的进化。从鱼类到两栖类，曾发现一种叫骨鳞目鱼的鱼化石，其骨骼特征类似于两栖类，因此被认为是鱼类到两栖类的过渡类型。但当另一种叫空棘鱼的活化石发现后，这种观点被立即推翻，因为这两种动物在进化谱系中的亲缘关系是极近的，但研究表明，空棘鱼并无任何上岸的可能性。曾经轰动一时的始祖鸟（archaeopteryx），曾被视为进化论的铁证，因为它既具有爬行动物的特征，又具有鸟类的特征而被视为一个著名的过渡类型。后来发现，始祖鸟所具有的爬行类特征，

这是第一件始祖鸟仅有的羽毛标本

从始祖鸟的发掘地点看，始祖鸟先是生活在陆地上的

早期始祖鸟的形态复原

第二件始祖鸟

早些时候最完整的始祖鸟标本

始祖鸟曾被视为进化论的铁证

如爪和牙齿，在现代鸟类中也存在。也就是说这个证据并不能用于判定鸟类与爬行类的过渡类型。另外，杰森

早在 1977 年《科学》上发表的论文指出,与始祖鸟同一地层出土的化石被怀疑为近似于现代鸟类动物的股骨,因此,始祖鸟即非"始祖",也非种间类型。1991 年在中国辽宁发现的年代与始祖鸟相同或更早的鸟类化石,更加深了始祖鸟的地位危机。

拉马古猿在人类进化的过程中起关键性的作用。它的下颌骨兼具人类与猩猩的特征,牙床结构类似于人,不具有猩猩的门齿与犬齿,但上下颌的距离与颌骨的长度又近似于猩猩, 这被视为进化论的一个铁证。然而后来在非洲发现的一种狒狒与拉玛古猿具有相同的牙齿及面骨特征,但却被视作一种狒狒。由此可见,这个判断也是模棱两可的。

2. 寒武纪生物大爆炸

达尔文对进化论最终评价道:"如果可以证明任何复杂的器官不能通过无数的、持续的、微小的改变形成的话,我的理论将绝对失败。"

寒武纪生物大爆炸正是这一评价的极好例证。大约在 5.3 亿年前,在短短的几万年内,几乎现在所有生物的门同时出现在地球上。从海洋里巨大的管状蠕虫,甲壳类到较为高级的脊索动物并存。如果进化像达尔文所说的由点滴的、渐进的方式进行,那么数百万年的时间无论如何也不足以完成这一历程。虽然寒武纪之前的多细胞生物化石也有发现，但按进化论的观点，它们与寒武纪生物并无承传关系。现代达尔文主义者也无法解释，称之为"迷中之迷"，事实上寒武纪生物大爆炸是进化论不可逾越的障碍。

寒武纪生物霸主——三叶虫

3. 人类的起源

《物种起源》发表的时候，达尔文曾说："只有人类的进化，怎么都不可能用我的进化论来说明。"

达尔文与进化论

人类进化示意图

人类进化如果单从进化论观点来看,似乎显得太快了。以人为例,进化论者认为,人类诞生的历程为:南方古猿—原人—旧人—新人—现代人类。在这一过程中,人脑容量增长极为迅速。而现代人类产生后,进化又仿佛突然不起作用了,五千年来人的脑容量基本没有变化。再看脑细胞数量,现代类人猿为 10 亿个,而现代人类约为 140 亿个。单从数字上看是增大了 14 倍,但智力水平却发生着跳跃性的变化,这些证据强烈地暗示:这个进化树是不正确的。这些物种也许根本没有任何亲缘关系,而进化论者只是按时间顺序把它们拼凑在一起而已。

另外,20 世纪 60 年代以来,肯尼亚的峡谷和湖附近地区的考古也发现一些不利于进化论的佐证。1972 年出土了一具类人动物的头骨化石,编号为 KNM—ER—1470,简称 1470 号人。按其分类特征,它类似于现代人,属于人属,比南方古猿和直立猿人要进步得多,但它

131

却处于 290 万年前。1470 号人比进化论者所公认的人类始祖南方古猿早 90 万年，比直立猿人早 200 万年。这从根本上动摇了进化论的证据，成为古人类学中的一件悬案，至今没有一个进化论者能够归属 1470 号人在进化树中的位置。

从胚胎学方面来讲，它与比较解剖学类似，从生物发育过程中形态的变化，推论出高等动物的胚胎在发育中重现其进化历程。如人类胎儿在发育之初与猪和鼠的胎儿都具有鳃裂和尾，形态也很相似，其实，这只是表面现象。首先，人类胎儿的"鳃裂"事实上不是鳃裂，而是快速发育的皮肤的褶皱；其次，人类胎儿的尾状结构也绝不是尾，而是神经管。在蛙胎发育过程中的尾状结构亦是神经管。再次，形态这一表象是由基因决定的。较为普遍接受的基因调控理论认为，动物形态虽然丰富多彩，但在分子水平上的调控都是一致的，因此，动物胚胎发育之初形态相似，是由于基因调控水平相同而已。这是近年来发育生物学最为重大的发现之一。也就是说，从形态相似仍不能得出本质相似的结论。

不可回避的化学进化

化学进化是指生命产生前在分子水平上的进化。如果要完整的理解进化论,不仅要回答生命产生后的生物进化过程,而且还要解决生命物质是如何产生的问题。即怎样由简单、无机的小分子进化到复杂、有机的大分子,进而产生生命体。但这个问题被进化论者们故意地回避了。

一位教授曾对数种有关进化分子生物学的学术期刊近十年来所发表的上千篇文章进行研究,表明都没有涉及这些。化学进化是无法用进化论来解释的。流行的观点认为,原始地球拥有还原性大气,含有氮,氢,硫化氢等成分,不含或含少量的氧。大气放电经常发生,原始海洋中水温较高,并有频繁的地质活动,如地震,火山喷发等。基于这种观点,1951年米勒进行了著名的"原始汤"实验,他在一个烧瓶中模仿原始地球的环境,用气体放电模拟雷电。实验结束后,在产物中分离到了氨基酸,这个结果轰动了科学界。但更多的问题暴露后,乐观主义渐渐消失了。我们仅举两例,说明他们的困境。

一是化学选择性,所有生物大分子结构都表现为空间上的有序,蛋白质分子除了特定氨基酸的连接外,还能形成 Alpha—螺旋、Beta—折叠等二级结构、结构域等三级结构、直至形成四级结构——亚基。双链 DNA 分子由两条单链组成,除单个核苷酸的连接与氢键作用外，还能形成双螺旋和超螺旋（A—DNA；B—DNA；Z—DNA 等），所有这些结构都与该大分子的功能紧密相连。一旦这些结构遭到破坏，该大分子就会失活，所以生物体在合成生物大分子时表现出极高的精确性。

二是光学选择性，生物世界是一个不对称的世界，就好比我们的左右手在空间上无法完全重合，但左手和右手的镜像却能重合。这种现象在化学中被称之为"手性"，几乎所有的生物大分子都是手性的。比如，组成人体的糖类一般是右旋的，而构成蛋白质的氨基酸都是左旋的。而左旋的糖和右旋的氨基酸，几乎不能被人体利用。一般认为，在非手性的环境中不能产生手性化合物，而只能产生外消旋体，即等量的右旋和左旋体构成的混合物。现代不对称合成化学通常采用昂贵的手性催化剂，才能使反应按照人所期望的方向进行，得到单一的手性化合物。在米勒的实验里，所有得到的氨基酸都是外消旋体。众所周知，最简单的蛋白质是胰岛素—51肽，那么由自然界随机地从 20 种天然外消旋体中选择合成一个 51 肽，得到全部由左旋氨基酸构成，具有生物活性的胰岛素分子的概率有多大呢？简单的数学计算可以证明是 1/40 的 51 次方。而在实践中，其概率是零，根本就不可能发生。米勒的实验带给进化论者的并不是福音，而是更加剧了其深刻的危机。

进化论认为人类是在偶然中产生，进化无目的又无方向。进化论者已变成狭隘的信仰者，丧失了科学的探索精神，甚至拒绝对任何进化论体系外的现象进行观察和研究。他们认为科学是研究存在和获取知识的唯一途径，凡是现代科学无法证实的，无法研究的，都是不真实的，进化论就是绝对的真理。某大学的一位教授断言，根据进化论的结论，人只是复杂的生物机器，没有任何特殊的意义。道德，信仰都不存在，也没有任何自由意志，这完全回到了 19 世纪的机械唯物主义，是人类思想的重大倒退。

不改变思想，不创新就不会有发展。如今，人类已经步入一个新的世纪，人们要勇于打破固有的观念与框框迎接新科学的曙光。

达尔文进化论虽然有些缺陷，但总的来说是科学的。达尔文进化论主要包括共同祖先学说和自然选择学说：共同祖先学说揭示了生物进化的事实，指出物种是可变的，所有的生物都来自同一祖先，生物的进化是一个树枝状的不断分化的过程；自然选择学说提出了解释生物是如何进化的一个机制，认为自然选择是生物进化的主要方式，是对生物适应性的合理解释。这两个学

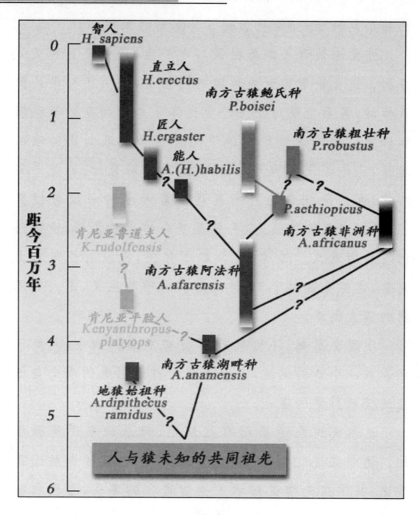

进化树

说表明,生物的进化是从共同祖先开始的,在自然选择作用下的多样化过程。生物的进化模式是没有预定方向的,呈树枝状不断分化,而不是像以前的进化论先驱理解的那样是从低级到高级的有预定方向的直线式进化。生物的进化是渐变式的,是在自然选择作用下累积微小的优势变异的逐渐改进的过程,而不是跃变式的。达尔文进化论为生物学提供了大理论,奠定了现代生物学的基础。但是达尔文进化论的影响绝不局限于生物学界,甚至也不局限于科学界,它具有深远的思想意义和社会影响。生物进化论的创立也表明,达尔文领导了人类历史上最为伟大、影响最为深远的一场理性革命。这场革命统一了生命与非生命两个世界,提供了一种全新的世界观、生命观、宇宙观和方法论,波及几乎所有的科学和人文领域。

共同祖先学说解释了生物的起源和属性,自然选择学说解释了生物的适应性和多样性。神创论认为神不仅创造了生物,而且精心设计了生物。复杂的生物体构造和对环境的巧妙适应一直被当成神创论的主要证据,也使从前反对神创论的人感到困惑。把生物体的复杂结构简单地解释成是自然随机形成的,并不能让所有人信服,把它们解释成是有意识的智能设计的结果,似乎更为合理。因此,在达尔文之前,虽然休谟等人已抨击过这个所谓"来自设计的论证",但是几乎没有起到的作用,因为他们不能解释如果不借助超自然的力量,又怎么可能出现适应性构造。即使那些不相信神创论的人,也往往认为在冥冥之中有一个神秘的目的指导着生物的进化。达尔文首先指出,自然选择可以令人信服地解释生物体的适应现象,既无需求助于智能的设计或神秘的目的,也不必归功于随机因素。自然选择并不是一个随机的过程,它实际上包含了两个过程:第一个过程是随机的,变异在群体之中随机地出现;第二个过程是不随机的,自然选择就根据这些变异的适宜度改变它们在群体中的频率。自然选择并非一蹴而就,它实际上是把一个概率很小的事件分解成了许多概率很大的步骤而逐步完成的。针对这一点,神创论者认为,生物体的结构复杂而完美,无法简化,不可能经由一系列较简单的、不完美的过渡形态进化而来。他们经常用人的眼睛举例,人的眼睛如此完美,哪个部分都缺不得,怎么可能由不完美的眼睛逐步进化而来? 不完美的眼睛能有什么用? 达尔文在《物种起源》中专门用一节回答这个问题:"不完美的眼睛当然有用,而且在生物界屡见不鲜,把不同生物的眼睛从简单到复杂、从不完美到较完美排列起来,就大体可以推测人眼的进化过程。"但是,自然选择学说能够合理地解释生物适应现象的由来,只是证明了自己存在的价值,并没有推翻神创论足够证据,因此我们还必须证明神创论不能合理地解释生物适应现象的由来,理由就是生物的适应往往是非常不完美的,例如人的眼睛其实并不那么完美,而是存在许多缺陷,最明显的一点是,它的视网膜结构采取的是一种奇怪的倒装方式,光要穿过血管、神经才能抵达感光细胞,不仅光线的质量下降,而且血管的影子会影响我们的视觉,加重了大脑处理信息的负担,还容易导致一系列疾病。在人体上还有许多这样的不合理的,例如人的脊椎构造为什么与猿猴那么相似?这种构造很适合四足行走,但是对直立行走却存在很大的缺陷,给人类带来了许多不必要的痛苦。但是如果人类是从四足行走的动物经自然选择进化而来,这种结构相似性和由此带来的缺陷,就很容易解释了。自然选择对我们祖先的身体结构做了一些修改,使人类能够直立行走,但是这种修改是无意识地做出的,而不是有意识地重新全盘设计,因此难免会有一些缺陷。

达尔文用科学的理论,推翻了神创论,也拒绝了目的论,因而否定了所有的超自然现象和因素。由于达尔文进化论,科学的、自然主义的世界观和生命观才成为可能。达尔文的共同祖先学说不仅深刻地揭示了所有生物的起源,而且牢固地确立了人类在自然界中的位置。达尔文在《物种起源》中避免讨论人的进化问题,只在结束语含蓄地提了一句:"我看到在遥远的将来会有广阔领域供重要得多的研究。心理学将会建立在一个新的基础之上。人类的起源及其历史将会得到阐明。"但是其结论是很明显的,在《物种起源》发表后不久,赫胥黎、海格尔等人就开始着手阐明这个问题,12年后达尔文出版了第一部研究人类进化的专著《人类的由来与性选择》(1871年),决定性地证明人类是从猿类进化而来,并在确认了大猩猩和黑猩猩是最近似于人的动物之后,准确地预言人类的故乡在非洲。这是对传统的人类中心说的重大打击。伟大的哲学家,像亚里士多德、笛卡

5万～7万年前非洲人向西亚迁移

儿和康德等人，不管他们的哲学观点是多么不同，也都坚持人类中心说，认为人与其他动物存在不可逾越的鸿沟。达尔文进化论则指出，人类是生物进化的偶然产物，是大自然的产物，是大自然的一部分，人类与大自然是同一的。今天的一切生物都是人类的亲属，人类与其他生物、特别是类人猿并无本质的区别，我们认为是人类特有的属性——例如智力、道德观等精神因素，也能在其他动物中找到雏形，也必定有其自然的起源。达尔文进化论让我们更深刻地理解了人类与大自然的关系，更深刻地理解了人性。

自然选择学说为科学方法和哲学思想提供了一个崭新观念。在达尔文之前，几乎所有的思想家和科学家都是决定论者，认为自然现象是可以用普适定律加以精确的描述和预测的，在初始条件确定之后，在定律的作用下就必然会出现确定的结果。而自然选择不是一个确定性的定律，它是偶然性和必然性的统一，自然选择的产物是偶然的、无方向性的变异和必然的、适应性的选择的结果，是概率性的，无法做出绝对的预测。在达尔文之前，几乎所有的思想家和科学家也都是本质论者。他们认为各个物种（或属、科等）各有固定的、独特的本质，彼此之间存在着无法弥合的鸿沟。在他们看来,本质才是关键,值得重视、研究的;而个体差异是偶然的、无关紧要的。但是达尔文却强调个体的差异和这种差异的重要性。自然选择学说就是建立在这种"群体思维"的基础上的,它认为所有的生物群都是由独特的个体组成的群体,每一个个体都是独特的,个体差异是变化的基础,群体的差异不具有本质的差异,只有统计的差异,群体的组成将随着时间的推移发生变化。群体思维不仅对以后的科学研究有重大的指导意义,而且改变了社会观念。掌握群体思维有助于指导我们恰当地处理族群与全人类、个体与群体的关系,学会宽容、尊重不同的文化,正视、尊重、利用人类个体的多样性。